工业企业管理基础知识

主 编 谢卫民 李 日

ZHEJIANG UNIVERSITY PRESS
浙江大学出版社

图书在版编目（CIP）数据

　　工业企业管理基础知识 / 谢卫民，李日主编. —杭州：
浙江大学出版社，2008.9（2021.9重印）
　　ISBN 978-7-308-06188-9

　　Ⅰ．工… Ⅱ．①谢…②李… Ⅲ.工业企业管理－基本知
识　Ⅳ.F406

　　中国版本图书馆 CIP 数据核字（2008）第 138489 号

工业企业管理基础知识

主　编　谢卫民　李　日

责任编辑	王　波
封面设计	刘依群
出版发行	浙江大学出版社
	（杭州市天目山路 148 号　邮政编码 310007）
	（网址:http://www.zjupress.com)
排　　版	杭州好友排版工作室
印　　刷	广东虎彩云印刷有限公司绍兴分公司
开　　本	787mm×1092mm　1/16
印　　张	12
字　　数	292 千
版 印 次	2008 年 9 月第 1 版　2021 年 9 月第 6 次印刷
书　　号	ISBN 978-7-308-06188-9
定　　价	30.00 元

前　　言

  随着知识经济的到来,愈来愈多的工作需要投入管理者的知识、智慧和创新活动,而目标管理等管理方法在企业管理中的广泛应用,使普通工作人员由被动地按计划执行转变为参与工作目标确定的主动思考者。这也使得企业工作人员既是某项工作的执行者,又是该项工作的管理者;既是管理客体,又是管理主体。

  企业管理学是管理科学的分支之一,主要研究企业管理活动及其内在规律性。企业管理的目的是通过计划、组织、领导、控制等一系列职能,对企业的资源进行优化配置、合理利用,以顺利实现企业的目标。

  当今世界科学技术的发展日新月异,为了适应经济生活现代化、国际化这一发展趋势,学生都需要学习管理的基本知识。企业管理学是一门博大精深的学问,学科内容十分丰富,希望学生能够通过企业管理这门课程的学习,了解管理的一般原理,掌握企业管理的基础知识,建立相应的知识框架,以便在将来的实际工作中逐步把握企业管理的内在规律。

  本书介绍了企业管理的基本概念及其产生和发展的历史、企业管理的基础工作、企业劳动管理、企业生产管理、企业质量管理、企业设备管理、企业技术管理,还分别介绍了企业安全生产与环境保护要求、企业生产现场管理和班组建设。在介绍各种企业管理知识以外,穿插安排了案例思考和复习思考题。考虑到中职学生的实际情况,本书力求做到知识面宽、深入浅出、通俗易懂,注重基本概念的讲解和新知识的介绍。

  在编写的过程中,我们参考了大量的相关书籍和网络资料,在此对其作者一并致谢。

  由于编者水平有限,加上时间仓促,书中难免会存在疏漏和差错。恳请有关专家及广大读者不吝提出宝贵意见。

编　者

二〇〇八年四月

目　　录

职校生成长故事（一）

经过职校机电一体化专业三年学习的洪波同学即将毕业离校。他在学校组织的毕业生供需洽谈会上，经双向选择被 TY 公司录用。

报到后，公司人事部门对他们同期报到的二十名职校毕业生进行了入职培训，培训的内容包括 TY 公司的创业与发展历程、企业文化概况、当前我国企业转制的政策、TY 公司的企业制度与组织结构、公司产品生产的流程和质量目标、公司员工手册等。没有学过企业管理的洪波同学通过培训知道了企业的类型、企业转制、企业制度、企业组织、企业文化等企业管理的基本概念。

在培训期间洪波同学通过观察和公司领导的介绍，深感 TY 公司人文环境好，生产管理井然有序，因而暗暗地下定决心，要认真做好这第一份工作。

第一章　企业管理概论

　　企业是国民经济的细胞,它要在市场经济的肌体中生存与发展,只有加强管理。因此,企业管理者就要懂得企业管理的一些基本理论,包括企业管理的方法、企业管理的职能、现代企业制度、现代企业组织以及企业文化建设等内容。

第一节　企业与企业管理

　　企业不是自古就有的,它是社会化大生产的产物,是在资本主义商品经济高度发达的条件下产生和发展起来的一种经济组织形式。在奴隶社会和封建社会,也曾存在过家庭作坊、工场手工业作坊、家庭小店铺或商店等从事生产或流通的各种经济形式,但这些经济形式只是一种小生产的家庭经济形式,与现代企业不能相提并论。因此,企业管理者要了解现代企业的类型、企业管理的内容和企业管理的方法等知识。

一、企业与企业的类型

（一）企业的概念

　　企业是商品经济的产物,是专门从事生产、流通和提供服务活动的营利组织,具有法人地位。企业是资源配置的载体,是经济组织。机关、社会团体等不是营利性组织,也就不是企业。因此,必须把行政组织与经济组织区分开来。企业是营利性的组织,以赢利为目的。赢利是企业生存的基础,发展的动力。

（二）企业的特性

1. 商品性

　　企业是直接从事商品生产和经营的经济组织。现代社会中存在各种各样的组织,企业作为一种社会组织,与其他社会组织有共性;但作为一种特殊的社会组织——经济组织,又有其个性。它直接从事经济活动,向社会提供商品或劳务,是为销售而进行活动的,工厂为销售而生产,商店为销售而进货,企业作为经济组织的商品性就完全显露出来了。

2. 营利性

　　企业是为营利而建立的经济组织。获取利润是企业建立的基本目的,也是企业生存的前提条件。投资不能赢利,便没有人投资,也就没有企业;不能赢利,企业便不能扩大再生产,也就无法发展。从国家的角度来说,企业也是营利性的组织,国有企业通过上缴利润和纳税、其他企业通过纳税给国家形成主要财政收入,国家才可能有财政拨款来支持各项事业。

3.独立性

企业是独立的经济组织。企业的独立性,一方面来自企业出资者的权利,谁投资谁就要对企业说了算;另一方面,市场瞬息万变,如果企业不具有独立性,处处受制于某种组织或机构,就很难以企业特有的地位参与市场竞争。企业的独立性决定了企业之间的关系是平等的,是独立的商品生产者和经营者之间的关系,交往必须遵循等价交换的原则。

4.系统性

企业本身是一个严密分工协作的生产经营系统,也是社会这个大系统的子系统。

系统是指两个或两个以上相互区别和相互作用的元素有机结合起来完成某一功能的综合体。企业是人造系统,只有用企业的整体目标统率各自的具体目标,只有企业管理者、管理机构以及企业各部门构成一个整体,企业才能完成一个独立的商品生产者和经营者的任务;同时,企业必须适应社会这个大系统,自己才能生存和发展。

5.法人实体性

企业是民事活动的重要参加者和重要的民事主体,是具有民事权利和民事能力并依法享有民事权利和承担民事义务的组织。

称企业是法人,是相对自然人而言,法律给它以相似于自然人一样的权利和义务。表现在:①企业是依法登记的经济组织;②企业拥有全部法人财产;③企业能以自己的名义参加经济争议的仲裁和诉讼,能独立承担民事责任。

(三)企业的类型

按资产构成的不同,企业可以分为独资企业、合伙企业和公司企业三种。

1.独资企业

独资企业是指个人出资经营,归个人所有和控制的,资产所有权和经营权完全统一的企业。即个人投资、个人经营、个人管理、个人受益、个人承担经营风险的企业。

2.合伙企业

合伙企业是指由两个或两个以上合伙人共同出资,共同经营,并共享收益和共担风险的企业。在具体运作时,可以由其中的一个合伙人经营,其他合伙人仅仅出资并共负盈亏,也可以由所有合伙人按协商一致的原则共同经营。

3.公司企业

公司是指依法由两个以上股东出资组成,或是由两个以上企业出资联合而成的企业。

按出资方式和股东承担责任不同,公司可分以下四种形式。

(1)无限责任公司:是指由两个以上股东组成,对公司债务负连带无限责任的公司。即无限责任公司是指由无限责任股东组成的公司。

(2)有限责任公司:是指由两个或两个以上股东共同出资,每个股东以其出资额对公司承担有限责任,公司以其全部资产对其债务人承担责任的企业法人。

(3)两合公司:是指由无限责任股东和有限责任股东混合而成的公司。其中,无限责任股东对公司债务负连带无限责任,有限责任股东对公司债务以出资额为限负有限责任。

(4)股份有限公司:是指将注册资本分成等额股份,并通过发行股票或股权证筹集资本,股本以其所认购的股份对公司承担有限责任,公司以其全部资产对公司债务承担责任的企业法人。

可见,不同的公司具有不同的特点。目前,我国现代企业制度实行的组织形式主要为有限责任公司和股份有限公司两种。

二、管理与企业管理

（一）管理的概念

管理是管理者对资源有效地进行计划、组织、领导和控制的过程，是人类一切有组织的集体活动所不可缺少的要素，是在社会组织中为了实现预期的目标，以人为中心进行的协调活动。

（二）管理的特征

1. 管理具有两重性

管理是由许多人协作劳动而产生的，它是有效组织共同劳动所必需的，具有同生产力、社会化大生产相联系的自然属性。另一方面，管理又表现为生产资料所有者指挥劳动、监督劳动，因此，它又具有同生产关系、社会制度相联系的社会属性。

管理作为一种独立的社会职能，是生产力发展和社会分工的结果。随着生产力的发展、社会分工的细化、组织规模的扩大、科学技术的广泛运用，生产活动越来越复杂，其社会化程度越高，对管理工作的要求也就越严格。所以说，管理是合理组织生产过程，使劳动对象、劳动手段和劳动力等要素得以有效组合，从而形成生产力的必要条件。管理的这种职能为一切管理所具有，是管理的共性，它不带有阶级性，是一种自然属性。

管理是在一定社会中进行的，必然受到所处社会的生产关系的制约。管理活动必然要反映社会制度的特点，服从生产资料所有者实现其生产目的，维护现有的生产关系。管理的这种属性对不同生产关系的企业是不一样的，它代表了管理的特殊性的一面，带有阶级性，是管理的社会属性。

2. 管理的本质是协调

协调就是使个人的努力与集体的预期目标相一致。每一项管理活动、每一次管理决策都要进行协调，没有协调就没有管理。

3. 管理的目的是为了实现目标

任何组织活动，都需要有计划与目标。管理就是通过确定目标，制订计划，引导组织全体成员协调一致，共同实现目标。

4. 管理的主体是管理者

管理是让别人与自己一道去实现既定目标。管理者的责任分三个层次：一是管理一个组织。组织是一个整体，为此，管理者应明确管理目标是什么，如何实现目标，如何使组织取得更大的效益。二是管理管理者。对管理者应通过目标管理和自我控制进行管理。管理者应培养其下属。三是管理一个组织的具体运作和从事生产的员工。主要是激励组织成员发挥其创造的热情，求得组织的最佳效果。

5. 管理的核心是处理好人际关系

管理是让别人与自己一道去实现既定的目标。管理管理者和管理工人，最终仍表现为人与人的关系。任何资源的分配都是以人为中心的，而由于人的价值观、人的物质利益、人的精神状态、人的素质、人的信仰，以及人们所处的社会文化背景、历史传统等的不同，必然会产生一定的不协调，这些都需要人去协调解决。

（三）企业管理

有了企业，也就有了企业管理。所谓企业管理，就是由企业的领导者和全体员工，按照客观规律的要求，对企业生产经营全过程进行决策与计划、组织与指挥、控制与协调、教育与激励，以适应外部环境变化，充分合理利用各种资源，实现企业经营目标，提高企业经济效益。

上述定义说明了企业管理由谁来管、根据什么管、管什么、怎样管以及为什么管理等五个问题。通过管理，企业用尽可能少的消耗和尽可能少的资金，生产出尽可能好的、多的产品，不断满足市场或用户日益增长的需要。

（四）企业管理的内容

虽然工业企业的行业很多，产品复杂，但它们在管理的对象、管理的手段、管理的目的和管理的性质等方面存在着共性，为了便于研究，对企业管理的内容可作以下分类。

1. 按企业管理对象来划分

企业管理可分为生产活动管理和经营活动管理两大部分。

生产活动管理是以生产活动为中心对企业内部有关活动进行的管理。它的管理是从人、财、物等资源和计划、标准等信息的输入开始，经过生产制造过程，输出产品和更高一级的信息，利用信息反馈实行控制的全部活动过程。包括生产组织与劳动组织、生产计划与生产作业计划、生产技术准备、质量管理、设备管理、财务成本管理、生产控制、信息反馈等方面。

经营活动管理是对企业以及外部有关活动进行的管理。是根据外部环境和内部条件，以经营为中心的决策性管理。它的管理对象是从市场调查和预测开始，经过科学的经营决策，制订周密的经营计划，进行技术改造，开发新产品，进行广告宣传，开展销售服务等。

2. 按企业管理内容来划分

企业管理可分为纵向管理和横向管理两大部分。

纵向管理是按管理层次划分的管理，通常划分为公司管理、工厂管理、车间管理、班组管理等分级管理。

横向管理是按管理专业职能划分的管理，通常归纳为十大管理，即：计划管理、销售管理、生产管理、物资管理、技术管理、质量管理、设备管理、劳动管理、财务管理和成本管理等。

3. 按企业管理性质来划分

企业管理可分为基础性管理、专业性管理、综合性管理三大部分。

基础性管理即是企业管理的基础工作，包括标准化工作、定额工作、计量工作、信息工作、以责任制为核心的规章制度、基础教育等。

专业性管理即各科室职能部门和各项专业管理工作。

综合性管理又称全面管理。这种管理和企业各项工作都发生直接联系，它渗透到各项工作的全部过程之中，而且要求企业全体人员都参与。它是全员性的管理，也是全过程的管理。一般包括四个方面，即以满足社会用户需要为目标的全面计划管理；以发展品种、提高产品质量为目标的全面技术与质量管理；以提高经济效益为目标的全面经济核算；以调动员工积极性、开发人才为目标的全面劳动人事管理。

由以上分析可见，企业管理这门学科不是单纯的经济学科或技术科学，而是介于社会科学和自然科学之间的一门边缘学科。

(五)企业管理的方法

企业管理的方法包括行政方法、经济方法、法律方法、数学方法和教育方法等。

1.行政方法

行政方法是指企业或国家的各级管理机构依靠行政组织和行政手段,按照行政隶属关系来执行管理职能,实现管理目标的一种方法。

行政组织是按照行政管理需要组织起来的管理单位,它的主要职能是接受上级领导的授权和命令,向下级授权和下达命令。它实行严格的授权制度,每一级行政组织和每一个领导职务都有严格的职责和权力范围,下级要对上级的命令负责并贯彻执行,上级对下级的行动和结果负责。行政手段是指各种行政的决议、决定、命令、计划、规章制度、纪律、工作程序、标准、定额等。行政方法具有强制性,直接左右被管理者的行动,因此在运用时必须按照客观规律办事,讲究科学性,注意从实际出发。只有正确的指令、规定,才能保护和调动广大职工的积极性和创造性,保证任务的完成。

2.经济方法

经济方法是按照经济规律的客观要求,运用经济手段(如工资、奖金、罚款等)和经济方法(如经济合同和经济责任制等)来执行管理职能,实现管理目的的方法。经济方法和行政方法是不同的,它不是用强制的手段和办法来直接组织、指挥和控制企业生产经营活动。它的实质是贯彻按劳分配,正确运用物质利益原则,处理好国家、集体和个人三者的利益关系,调动广大职工的积极性,使职工能主动关心企业的经济效益,关心企业的生存和发展,努力完成生产工作任务。

3.法律方法

法律方法是指实行经济立法和经济司法,用经济法规来管理企业活动。经济法规是我国法律的主要组成部分,它是调整国家机关、企业、单位和其他社会组织之间,以及它们与公民在经济生活中所发生的经济关系,是国家管理经济的主要工具,是经济生活中的规范和准则。用法律方法管理企业是为了保证经济管理能按照客观规律和党的方针政策进行,从而促进生产力的发展,使社会主义市场经济有序健康地发展。

4.数学方法

数学方法是运用数据和有关数学知识,对企业的生产经营活动进行定量分析的方法。数学方法在企业管理中应用有投入产出分析法、线性规划法、统筹法等。应用数学方法进行定量分析,能使我们对客观存在的经济规律的认识提高到质的高度,能预见某些经济现象在发生变动的情况下会引起什么后果,能计算各种决策方案的经济效果,帮助决策者从中选择最优方案。

5.教育方法

教育方法是对企业职工进行科学文化、技术业务、政治思想教育,以提高职工队伍素质和企业管理水平的方法。由于企业生产经营活动是以人为主体的,人是有思想有感情的,所以思想教育是企业管理中教育方法之重点,目的是要改变人的精神面貌,调动人的积极性,其实质是用社会主义精神文明来促进和保证社会主义物质文明建设,它能收到其他几种方法所收不到的效果。

上述各种方法各有优点,又各有局限性。企业需根据不同时期、不同情况,有机结合、综合运用这些方法。

第二节　企业管理的产生与发展

企业管理最初产生于资本主义社会,随着商品经济、社会化大生产以及科学技术的飞速发展,企业管理的内容日益丰富。

一、企业管理的产生

管理的历史与人类社会一样久远,有共同劳动就有管理。而企业管理却是在资本主义工厂制度出现以后,为适应资本主义生产发展的需要而逐步产生和发展起来的。

在资本主义生产方式产生之前的个体劳动条件下,劳动者只要有简单的劳动工具,就可以进行生产。至于生产什么,如何生产,生产多少,都由自己决定,自己管理自己。但是,个人的力量毕竟是有限的,无法同无限的大自然作斗争,于是出现了集体劳动。集体力量的发挥,有赖于分工和协作,有赖于管理,就像一个乐队需要一个指挥一样。于是,便有了管理的萌芽。

工业革命以后,资本主义大工业生产逐步替代了手工生产,个别人使用工具变成了大多数人使用工具。在手工劳动下,一件产品由一个工人完成;在机器大工业条件下,一件产品由多个工人分工协作完成。为了协调、指挥众多工人的劳动,企业管理便产生了。

二、企业管理的发展

企业管理的发展过程,一般可分为传统经验管理阶段、科学管理阶段和现代管理阶段。

1. 传统经验管理阶段(18世纪后期—20世纪初)

这一阶段,从事大工业生产的企业开始发展,但规模不大、生产力水平低。企业管理主要靠资本家或其代理人的个人经验,没有操作规程和严格的规章制度。工人培养仅靠师傅带徒弟的方式。总的说来,其特点是小生产管理方式。

2. 科学管理阶段(20世纪初—20世纪40年代)

随着资本主义从自由竞争阶段向垄断阶段的过渡,企业规模不断扩大、生产技术愈趋复杂、劳资矛盾日益加深,这些都要求提高企业管理水平,要求将过去积累的管理经验加以系统化、标准化和理论化。于是出现了"科学管理"的理论。其创始人是美国的泰勒,他被称为"科学管理之父"。1911年泰勒发表了《科学管理原理》一书,列出四条管理的基本原理:①对工人操作的每个组成部分进行科学的研究,以替代凭经验办事的方法;②对工人进行科学的培训,以代替工人的自由发展;③在工人和管理人员之间提倡协作精神,以保证工作按照科学的设计程序进行;④在工人和管理人员之间,应有适当的分工,明确划分计划职能(管理者的工作)和执行职能(劳动者的工作),并由计划职能帮助实施执行职能。泰勒对企业管理的最大贡献是他主张一切管理问题都应当而且可以用科学的方法去研究解决,实行各方面工作的标准化,使个人经验上升为理论。这就开创了科学管理阶段。在泰勒之后,还有吉尔布勒斯、甘特、福特等人也为科学管理作过贡献。总的说来,科学管理的特点是将积累的管理经验加以系统化和标准化,并运用科学方法和手段来研究和解决企业内部生产管理问题。

3.现代管理阶段(20世纪40年代至今)

从第二次世界大战以后,旧殖民体系解体,民族、民主革命兴起,政治自由化、世界化多元化、人民民主化,个性得到张扬,传统的金字塔形阶层结构变化为橄榄形阶层结构,知识经济到来,人类进入了信息社会,智力劳动比重在加大。一些工业发达的资本主义国家,科学技术进步很快,出现了许多现代自然科学技术的新成果,运筹学、数理统计等方法应运而生,特别是电子计算机的出现和应用,生产过程的自动化、连续化程度空前提高,企业的技术更新和产品更新大大加快;大型复杂的重大工程的出现,生产社会化程度越来越高,跨国公司的发展,企业规模迅速扩大;企业面临的环境变化多端,竞争十分激烈;阶级矛盾和阶级斗争进一步加剧等。在这种形势下,为了调和阶级矛盾,为了在多变的环境中找到出路,为了使企业长期稳定地发展,资本主义世界中出现了种种管理理论和派别,资本主义企业管理出现了一些新的特点。

资本主义现代管理学派很多,从其主要思想倾向看,不外乎是两个管理理论派别:一是以泰勒为代表的科学管理理论和以法约尔、韦伯为代表的组织管理理论等延伸、演变、发展起来的管理科学学派;另一个是以梅奥为代表的人际关系理论发展起来的行为科学学派。这两个管理理论派别各自研究问题的出发点不同,得出的观点也不同,各有其道理,也各有其作用。按倾向而言归属哪个大的派别都是相对的,各学派都吸收了别的学派中一些有用的观点来充实自己。因为企业管理有趋向全面管理和综合管理的势头,所以,所谓现代管理也就是适应这种趋势而出现的一种"科学管理"和"人际关系"相结合的管理。

与科学管理相比,资本主义现代企业管理有了很大变化,具有以下几个特点:①以人为中心的管理;②突出经营决策;③把开发新产品、提高技术水平作为企业发展的核心,实行多样化经营;④采用集权与分权相结合的管理体制;⑤广泛运用现代自然科学新成果和现代化管理工具。

三、我国企业管理的发展过程

中华人民共和国成立前,我国工业基础十分薄弱,企业管理也很落后——尽管在1911年泰勒《科学管理原理》发表的当年,就有当时留学美国的茅以升将其翻译成中文,并且民族资本家穆藕初在上海的一些纺织厂推行,但毕竟范围太窄、时间太短、影响太小,昙花一现——基本上是采取小生产的管理方式。我国现代企业管理是在中华人民共和国建立后发展起来的,50多年来,我国的企业管理走过了一条曲折的道路,积累了丰富的经验,也有深刻的教训,现在正走向成熟,逐渐形成具有中国特色的现代企业管理。按历史进程可以分为以下几个时期。

1.1949—1952年

这是三年恢复时期。这一时期的重点是没收和接管资本主义企业,在企业中进行民主改革、生产管理改革和企业改组,实行了工厂管委会和职工代表会议制度,为进行大规模的经济建设奠定基础。

2.1953—1957年

这是第一个五年计划时期。这个时期完成对资本主义工商业的社会主义改造,兴建了156项工程,开始了大规模经济建设。为管理好企业,当时在全国范围内全面地、系统地学习和引进前苏联的企业管理制度和方法。例如,在企业中普遍实行计划管理,建立各种规章制度,建立健全各种生产指标系统和管理组织机构;开展以技术革命为主要内容的劳动竞赛,培训了一大批的企业管理人员和技术人员,从而使我国企业管理走上了科学管理的道路。

3.1958—1965 年

1958 年,我国开始了"大跃进",由于忽视了客观经济规律,高指标、瞎指挥、浮夸风严重泛滥,企业中适应现代化要求的科学管理制度和办法被否定,给企业管理带来了重重障碍。但也有些企业取得了一些好经验,比如"鞍钢"提出在企业中要开展技术革命,实行"两参一改三结合",实行党委领导下的厂长负责制等,后被称为《鞍钢宪法》。另外,在增产节约运动中,群众性经济核算进一步发展,在统一领导下实行企业、车间、班组分级核算,出现了人人核算、个个理财的新气象。

1961 年,中共中央提出了对国民经济"调整、巩固、充实、提高"的八字方针,颁布了《工业七十条》等各种管理条例,恢复了"一五"期间建起来的各种制度,如生产计划管理制度、财务管理制度、定额管理制度、质量检验制度、设备检修制度等,同时创造和发展了许多管理工作的好方法,使我国企业管理重新走上了健康发展的道路。

4.1966—1976 年

"文化大革命"期间,是我国政治大动乱、经济大倒退的 10 年,对我国建国 17 年建立并发展起来的行之有效的企业管理制度和经验加以否定,使我国企业管理遭到了一次大浩劫。

5.1976 年至今

1976 年粉碎"四人帮"后中国进入了新的历史时期,特别是党的十一届三中全会以来,党和国家的工作重点转移到社会主义现代化建设上来,提出对国民经济进行调整、改革、整顿、提高的方针。与此同时,以提高经济效益为中心,对企业进行了恢复性整顿和综合性整顿,普遍推广了工业经济责任制、全面质量管理,广泛开展了双增双节(增产节约,增收节支)运动,并逐步扩大了企业的自主权。

1985 年后,为进一步理顺国家与企业的关系,着手改革企业内部经营机制,改革企业经营方式,开展企业升级活动,在全国普遍推行承包经营责任制,在小型企业试行租赁制和售卖制。1992 年 10 月中国共产党召开了十四大,明确提出了我国建设社会主义市场经济体制的目标模式,1993 年 3 月召开的八届人大又把它写进了宪法。1993 年 11 月 14 日,党的十四届三中全会提出建立现代企业制度,标志着我国股份制由试点逐渐走向成熟;与此同时,推行企业内部配套改革,实行厂长(经理)负责制和任期目标责任制、任期终结审计制;改革企业组织机构;实行干部委任制、聘任制和通过招标的办法选拔经营者;改革劳动制度,实行劳动合同制,在部分有条件的地区和企业实行优化劳动组合和厂内待业制度;改革工资制度,实行工资总额和经济效益挂钩、员工收入与贡献大小相联系的多形式分配制度。在总结经验的基础上,肯定成绩,把改革成果用法律、法规形式固定下来。这是我国企业管理走向法制化、规范化的标志。从此,我国企业的改革和企业管理的发展迈入了一个新的历史阶段。

第三节 企业管理的职能

企业管理的职能，是指企业管理者为了实施有效管理所必须具有的基本功能。它是合理组织生产的要素，是实现预定管理目标的手段和方法。根据企业的特点，将管理的具体职能划分为决策与计划、组织与指挥、控制与协调、教育与激励等四个方面。

一、决策与计划

（一）决策

决策是为了达到预定目标而在两个或两个以上可以相互替代的可行方案中选择最满意方案的分析判断过程。决策正确与否，关系到事业的成败，认真总结前人在决策方面的丰富经验，并吸收现代科学成果，按照科学的程序和方法实施决策。实现决策科学化是现代企业管理的客观要求。领导者要做到科学决策，必须注意以下几点。

1. 决策要有科学的依据

决策的依据是信息，围绕着企业生产经营活动所产生的各种信息，一般称为管理信息，它用于沟通企业内外相互间的意见，交流人员的思想，反映企业生产经营活动的情况和外部环境的变化。企业常用的信息有各类情报、资料、报表、指令、报告、数据等。

2. 决策要遵循科学的程序

程序就是决策过程必须顺次经过的步骤。决策是一个发现问题、分析问题、解决问题的过程，在这个完整统一的过程中，必须遵循以下三个基本步骤：①发现问题，确定目标；②分析矛盾，制订方案；③综合评价，方案选优。值得注意的是，决策是否科学，是否反映事物发展的规律性，还有待于在实施过程中检验。

3. 决策要有科学的方法

要做出合理的决策，除了要遵循科学决策的程序外，还必须有科学决策的方法。在决策的实践中，由于决策的对象和内容不同，相应地产生了各种不同的决策方法，但归纳起来可以分为两大类：一类是定性决策的"软"方法；另一类是定量决策的"硬"方法。科学的决策方法应"软""硬"结合才能见效。

（二）计划

计划是对为实现决策所抉择的目标、方案所作出的具体化的安排。它包括编制计划、执行计划、检查分析计划、拟定改进措施等工作。在编制计划时应注意以下四个方面。

1. 计划要全面

用计划规定各部门、个人的任务，使各部门、个人目标明确，责任清楚，要求具体。

2. 指标要先进

用计划规定的各项任务，是通过一系列的计划指标来表示的，计划指标是计划任务的数量和质量的表现，反映了计划期内预期达到的具体要求和水平，各种计划指标必须订在平均先进水平上。指标既积极可靠，又留有余地。

3. 方法要简明

企业编制计划一定要符合企业的特点，根据企业的实际情况，方法要简单明了，便于员工理解、掌握和运用。

4.措施要得力

企业执行计划,要有具体有力的措施,通常根据作业计划、调度工作和目标管理等手段,贯彻经济责任制的方法来实现计划。

二、组织与指挥

(一)组织

组织是为了实现决策的目标和计划规定的任务,将企业生产经营活动的各个要素、各个部门、各个环节和各个方面在空间和时间的联系上,合理地组织起来,形成一个有机的整体,充分发挥它们的作用。各企业的特点和基础不同,建立的组织机构也就有所不同,但都应遵守以下原则。

1.精干高效原则

只有机构精简,队伍精干,工作效率才能提高。如果组织层次繁多,机构臃肿,因人设事,人浮于事,就必然浪费人力,办事拖拉,效率低下。

2.统一指挥、分级管理原则

这是指命令的统一,指挥的统一。严格规定命令逐级下达,下级只接受一个上级的领导,只向一个领导汇报并向他负责,上下级间形成一个"指挥链"。

统一指挥原则规定不能越级指挥,即必须实行分级管理。企业管理一般是三级管理,分级之后,就要正确处理上下级之间的关系,规定各级的权限和职责,由下级自行处理规定范围内的事务,并对处理后果负责。只有遇到未纳入原定职责范围的事项时,下级才向上级请示汇报。

3.管理幅度和层次原则

有效管理幅度是指一名上级领导者能够直接有效地领导下级的人数。在建立组织机构时,必须正确解决有效管理幅度与管理层次的关系,努力提高干部的管理能力,提高管理工作的效率。

4.权责对等和才职相称的原则

权就是权力,责就是责任。权力是指在规定的职位上具有指挥和行事的能力。责任就是在接受职务时所应尽的义务。职权和职责相对应,这是必然的,但在现实管理活动中违背这一原则的情况是常有的。一是有责无权,二是有权无责,科学的组织设计,应将各种职务、权力和责任形成规范,订出章程,使担任各项工作的人员有所遵从。

才职相称亦是因职设人,即什么样的职务安排什么样的人去担任。要做到才职相称,人尽其才,才得其用,用得其所,各尽所能。

(二)指挥

指挥是指通过下达命令、指示等形式,使企业内部各个人的意志服从于一个权威的统一意志。将计划和领导者的决策变成全体成员的统一行动,使全体成员履行自己的职责,全力以赴地完成所担负的任务。

指挥是带有一定强制性的活动,强调命令的绝对服从,行动要雷厉风行,准确而及时,以提高管理的时效和质量。指挥者要用好指挥权力,必须做好以下三点。

1. 指挥要有权威

权威来自权力和威信的总和。权力来源于领导人职位,什么职位就有相应的权力。威信来自领导人自身的因素,它是一种使人甘愿接受对方影响的心理因素,因此威信也就是一种影响力。

2. 指挥要有魄力

魄力是指企业领导者要有胆、有识,具有敢于斗争、敢于取胜的勇气和决心,有勇往直前的气概。领导者的魄力,应贯彻于企业生产经营活动的各个环节上。

3. 指挥要正确

企业领导者要做到正确指挥,必须"多谋"、"善断"。"多谋"就是要多调查、多讨论、多比较、多听各方意见,只有"多谋"才能情况明、方向对,才能避免指挥失误。"善断"就是要断得及时,断得正确。

三、控制与协调

(一)控制

控制是根据预定的计划、目标、标准以及经济原则,对企业的生产经营活动及其成果进行监督和检查,使之符合计划、目标、标准和原则,以及为消除实际和这些要求间的差异所进行的管理活动。

1. 控制的程序

控制的基本程序包括三个步骤:

(1)确定控制标准。控制标准是衡量工作成果的规范,是在一个完整的计划中所选出的对工作成果进行计量的一些关键数据,如产量定额、工时定额、消耗定额、劳动生产率、出勤率等。

(2)衡量实际实效。就是用实绩和标准进行比较,对工作作出评价,对特别优良的情况及特别差的情况均要予以高度重视,以便抓住关键,照顾一般。

(3)纠正偏差。所谓偏差就是实绩偏离标准的差异。纠正偏差的目的是为了实现标准,纠正偏差的行动必须是权力部门有明确责任的人去进行,否则控制便达不到目的。

2. 控制的类型

根据企业生产经营活动三个阶段,即计划、执行、结果,控制相应地可分成三种类型。

(1)预先控制。就是为了增加将来实际结果能达到计划要求的可能性所做的一切管理上的努力。预先控制的主要原理是防止企业中所使用的各种资源在质和量上产生偏差,它的控制内容包括人力资源、原材料资源、资金资源等。

(2)现场控制。就是指管理人员在现场指导、监督下级进行具体作业的活动,以保证作业人员按计划规定的目标和程序工作。现场控制的主要方法是管理人员通过现场的亲身观察和判断,监督、指挥其他人员按规定的程序作业,并行使权力,用精神和物质的鼓励来影响现场作业。

(3)反馈控制。就是根据最终结果产生的偏差,来指导将来的行动。反馈是管理者对客观实际情况变化作出正确反应的重要依据,管理成功与否,关键就在于是否具有灵敏、准确、迅速的反馈。

（二）协调

协调是指在企业的生产经营活动过程中，对企业内部各部门、各环节的活动加以统一调节，使之相互合作、配合得当的管理活动。它的目的就是为了使各种活动不发生矛盾或互相重复，保证相互间建立良好的合作配合关系，以实现共同的目标。协调可分为纵向协调和横向协调。对内协调，是指企业内部活动的纵向、横向协调；对外协调，是指企业与外部环境的协调，如企业与国家、企业与其他单位、企业与公众的协调活动。现代企业的生产经营活动，与外部环境发生广泛的联系，要使企业的生产经营活动顺利进行，不仅要搞好企业内部的协调，还要搞好企业与外部环境的协调，使企业的生产经营活动达到内部条件与外部环境的动态平衡。

协调的形式要有灵活性，要随着协调内容的不同而变化，有的可用规章制度的办法；有的可以采用合同的形式；有的可以指定协调者和协调部门去解决；有的可以用召开协调会议的形式；有的还可以通过"非正式组织"的协商等。不论采用何种协调形式，都要讲究协调的方法科学性和艺术性，才能使协调工作更有成效，主要应注意以下几方面的问题：

（1）了解问题要全面深入。了解问题是协调的前提，只有对事情来龙去脉了解得全面清楚，才能预防协调的片面性；只有对事情的前因后果了解得深刻，才能彻底解决问题。

（2）判断是非要正确。判断是非是解决问题的前提，要准确判断是非，正确分析问题。

（3）解决问题要果断。是非分清以后，领导者就要态度鲜明地做决断，拿出处理意见，及时解决矛盾和问题。

（4）相应措施要得力。为了防止同类问题的重复发生，领导者就应考虑采取相应措施，包括思想教育、组织机构的设置、管理方式、规章制度等如何补充、修改、充实和完善等。

四、教育与激励

（一）教育

教育是指对企业全体员工进行思想政治、文化技术和管理科学等方面的教育。其目的在于提高员工的思想政治觉悟、文化技术和管理水平，从而更好地发挥企业每个员工的智慧和才能，自觉地增强主人翁责任感，为实现企业目标而作出更大的贡献。

教育形式要从实际出发，实事求是，灵活多样，具体可采用如脱产培训、半脱产培训、业余教育、现场培训等。教育内容和学制也要根据生产和员工需要，多种多样，如既有文化学习，也有政治、技术、业务、管理学习；既有学制比较系统正规的，也有短期训练的。总之，要最大限度地组织全企业员工参加学习，使全体员工的素质逐步得到提高。

（二）激励

激励是通过科学的方法去激发人的内在潜力，开发人的能力，充分发挥人的积极性和创造性，使企业每个职工都切实感到力有所用，才有所展，劳有所得，功有所奖，自觉地努力工作。一切行为都是受到激励而产生的，人们的行为都有一定的目的和目标，而这种有目的的行为又总是离不开满足需求的欲望。所谓需求，是指人对某种目标的需求，需求是产生行为的原动力。

在激励过程中，对不同的事情，不同的对象，应该采用不同的方法，常用的激励方法有以下几种。

基础知识

1.目标激励

目标激励就是把企业与个人目标相结合,把长期目标和短期目标相结合,这样职工就会在工作中,把自己的行动同整体目标和个人目标、整体利益和个人切身利益紧密联系起来,产生激励作用。

2.强化激励

强化激励就是对人们的某种行为给予肯定和奖励,使其发扬、巩固;或者对某种行为给予否定和惩罚,使其减弱、消退。这种过程称为强化,前者称为正强化,后者称为负强化。正强化和负强化都要使用,两者不可偏废,但由于人人都有尊重的需要,因此要尽量多采用正强化激励。

3.支持激励

支持下级的工作,对下级做好工作是一个激励。如尊重下级的首创精神和独特见解,信任下级,放手让下级工作;为下级创造胜任工作的条件;支持下级克服困难,为下级排忧解难;为下级承担责任等。

4.关怀激励

领导者通过对职工生活上和思想上的关怀,为他们解决实际困难,使职工亲身感到集体的温暖,从而激发起高度的责任感和工作主动性。

5.榜样激励

有了榜样,学习有方向,赶超有目标。榜样的号召力量强,最容易在感情上产生共鸣。榜样的事迹要真实,要有广泛的群众基础。

6.集体荣誉激励

先进集体中的成员会有一种荣誉感、自豪感和责任感,每个成员都要为维护集体的名誉负责,这就起到了激励的作用。

7.数据激励

用数据表示成绩和贡献,最有可比性和说服力,如公布职工的各项生产指标,公布员工的各种考核成绩,设立功簿、光荣册、公布各种比赛活动中的优胜名次等。

8.领导行为激励

优秀领导者的行为能激发群众的信心和力量,领导以身作则,处处带头,就是一种巨大的激励。

第四节 现代企业制度

建立现代企业制度是发展社会化大生产和市场经济的必然要求,是我国国有企业改革的方向。因此,全面正确地把握现代企业制度的内涵、基本特征,认识现代企业制度的内容体系,对于企业改革和提高企业管理的水平具有十分重要的现实意义。

一、现代企业制度的概念

现代企业制度指的是关于企业组织、运营、管理等一系列行为的规范和模式。它是为适应我国国有企业制度创新的需要而提出的特定概念,是企业制度的现代形式。公司制是现代企业制度的典型形式。

二、现代企业制度的基本特征

1. 产权清晰

企业的设立必须有明确的出资者,必须有法定的资本金。企业中的国有资产权属于国家,企业拥有包括国家在内的一切出资者投资形成的全部法人财产权。企业的法人财产是其进行生产的保障,企业只能在一定权限内占用和使用。财产的所有权及其增值部分都属于出资者。企业破产清算时,其剩余财产也属于出资者所有。产权关系明晰化、所有权和法人财产权的界定,既有利于保证出资者资产的保值增值,又赋予企业独立的法人地位,使其成为享有民事权利、承担民事责任的法人实体。

2. 权责明确

现代企业制度有效地实现了权责关系的辩证统一。出资者一旦投资于企业,其投资就成为企业法人财产,企业法人财产权也随之而确定。企业以其全部法人财产依法自主经营,自负盈亏,照章纳税,同时对出资者承担资产保值增值的责任。这就解决了传统的企业制度下,企业权小责大、主管部门权大责小、权责脱节的问题,从而形成了法人权责的统一。

3. 政企分开

政企分开有两层含义。

(1)政资职能分开,即政府的行政管理职能与资产管理职能分开。国有资产管理权职能仅仅是针对国有资产的,而不是针对所有社会资产。行政职能是属于政府行政权力,而所有权职能是一种财产权利,两者范围不同,性质不同,遵循的法律也不一样,政府行政职能由行政法来调整,而所有权职能由民法来调整。

(2)政企职责分开,政府不直接干预企业的生产经营活动,而是通过宏观调控来影响和引导企业的生产经营活动;企业摆脱了政府行政机构附属物的地位,不再依赖政府,而是根据市场需求组织生产经营,以提高劳动生产率和经济效益为目的。企业在市场竞争中,优胜劣汰,长期亏损、资不抵债的依法破产。实行政企分开后,政府与企业的关系体现为法律关系,政府依法管理企业,企业依法经营,不受政府部门的直接干预。

4. 管理科学

现代企业制度确立了一套科学完整的组织管理制度。首先是通过规范的组织制度,使企业的权力机构、监督机构、决策机构和执行机构之间职责分明,相互制约。在公司制企业中,实行董事会领导下的经理负责制,所有者通过股东大会选出董事会、监事会,董事会再聘任经营者(经理或厂长),这样就形成了一套责权明确的组织体制和约束机制。其次是建立科学的企业管理制度,包括企业机构的设置、用工制度、工资制度和财务会计制度等,各部门之间相互协作,为完成企业的目标服务。通过建立这些科学的领导体制和组织管理制度,来调节所有者、经营者和职工之间的关系,形成激励和约束相结合的经营机制。

三、现代企业制度的内容

现代企业制度包括三个方面的基本内容。

(一)现代企业产权制度

产权制度是对财产权在经济活动中表现出来的各种权能加以分解和规范的法律制度,

产权制度的核心是通过对所有者和使用者的产权分割和权益界定,使产权明晰化,以实现社会资源的优化配置。所以,现代企业产权制度的实质是所有者终极所有权与企业法人财产权的分离,现代企业使法人享有独立的法人财产权。

(二)现代企业组织制度

在市场经济的发展中,公司企业已经形成了一套完整的组织制度,其基本特征是:所有者、经营者和生产者之间,通过公司的决策机构、执行机构、监督机构,形成各自独立、权责分明、相互制约的关系,并以法律和公司章程的形式加以确立和实现。

公司是由许多投资者——股东投资设立的经济组织,必须充分地反映公司股东的个体意志和利益要求;同时,公司作为法人应当具有独立的权利能力和行为能力,必须形成一种以众多股东个体意志和利益要求为基础的、独立的组织意志,以自己的名义独立开展业务活动。

公司组织制度坚持决策权、执行权和监督权三权分立的原则,由此形成了公司股东大会、董事会和监事会并存的组织机构框架,如图1-1所示。

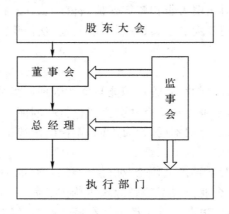

图 1-1

公司的组织机构通常包括股东大会、董事会、监事会及经理人员四大部分。按其职能分别形成决策机构、监督机构和执行机构。

(1)决策机构:股东大会及其选出的董事会是公司的决策机构;

(2)监督机构:监事会是由股东大会选举产生的,对董事会及其经理人员的活动进行监督的机构;

(3)执行机构:经理人员是董事会领导下的公司管理和执行机构。

(三)现代企业管理制度

管理科学是建立现代企业制度的保证。一方面,它要求企业适应现代生产力发展的客观规律,按照市场经济发展的需要,积极应用现代科技成果,在管理人才、管理思想、管理组织、管理方法、管理手段等方面实现现代化,并把这几方面的现代化内容同各项管理职能有机地结合起来,形成有效的现代化企业管理;另一方面,还要求建立和完善与现代化生产要求相适应的各项管理制度,主要包括以下四种。

1.现代企业领导制度

企业领导制度的核心是关于企业内部领导权的归属、划分及如何行使等所作的规定。

建立科学完善的企业领导制度,是搞好企业管理的一项最根本的工作。现代企业领导制度应该体现领导专家化、领导集团化和领导民主化的原则。

2.现代企业劳动人事制度

企业劳动人事制度是用来处理企业用工方式、工资分配以及企业法人、经营者与劳动过程中所形成的各种经济关系的行为准则。建立与市场经济要求相适的、能促进企业和劳动者双方相互选择、获得最佳经济效益和社会效益的市场化、社会化、法制化的企业劳动人事制度,从而实现劳动用工市场化、工资增减市场化、劳动争议仲裁法制化。

3.现代企业财务制度

现代企业财务制度是用来处理在企业法人与国家、股东、劳动者之间财务信息沟通和财产分配关系的行为准则,以保护股东和国家的利益不受侵犯。

4.现代企业破产制度

破产制度是用来处理企业在生产经营过程中形成的各种债权债务关系,维护经济运行秩序的法律制度。它不是以行政命令的方式来决定企业的存亡,而是以法律保障的经济运行方式自动筛选和淘汰一些落后企业,为整个经济运行提供一种优胜劣汰的途径。

第五节 现代企业组织

现代企业的生产是有组织的生产,企业必须通过组织工作,对企业的生产经营过程进行科学的划分并按照责权相结合的原则,确定管理层次、划分管理部门、配备管理人员并规定其间的相互关系和行为准则,使之协调一致地完成企业的发展目标。所以,企业组织和企业管理是分不开的,管理的目标必须通过有效的组织形式来保证,管理的职能必须通过一定的组织与组织程序来实现。

企业的组织结构及其表现形式经历了一个从简单到复杂的历史发展和演变过程,其间出现过直线制、职能制、直线职能制、事业部制、矩阵结构等多种形式。下面对这些组织结构形式作一简要介绍。

一、直线制组织结构

直线制组织结构是最早使用也是最为简单的一种结构,是一种集权式的组织结构形式,又称军队式结构,其组织结构形式如图1-2所示。

1.直线制组织结构的特点

直线制组织中各级行政领导对其直接下属有直接职权;组织中每个人只能向一位直接上级报告,即"一个人,一个头";领导人员在其管辖的范围内,有绝对的职权或完全的职权,不设专门的职能机构。

2.直线型组织结构的优点

每一个人都明白他应向谁报告和谁向他报告。责任与职权明确,每一个人有一个并且只能有一个直接上级,因而做出决定比较容易和迅速。

3.直线型组织结构的缺点

在组织规模较大的情况下,业务比较复杂,管理职能都集中由一个人承担是比较困难

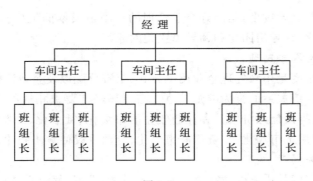

图 1-2

的。当这位"全能"管理者离职时,很难找到一个具有全面知识和技能的人去替代他。每个部门基本上只关心本部门的工作,部门间协调差。

因此,这种组织结构只有在企业规模不大、员工人数不多、生产和管理工作都比较简单的情况下才适用,或应用于现场作业管理。

二、职能制组织结构

职能制组织,亦称多线性组织结构。这是以工作方法和技能作为部门划分的依据,实行专业化管理的一种组织结构。其基本结构形式如图 1-3 所示:

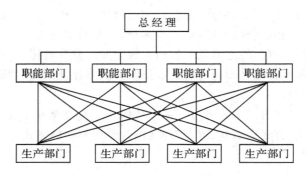

图 1-3

1. 职能制组织结构的特点

在职能制结构的组织中,将专业技能紧密联系的业务活动归类组合到一个单位内部,可以更有效地开发和使用技能,提高工作效率。但生产部门接受多头领导,使生产管理者会出现无所适从的情况。另外,职能制组织设计有利于最高管理者做出统一决策。

2. 职能制组织结构的主要优点

职能部门任务专业化,可以避免人力和物质资源的重复配置;有利于发挥职能专长,这对许多职能人员颇有激发力;可以降低管理费用,这主要来自各项职能的规模经济效益。

3. 职能制组织结构的不足之处

实行多头领导,不利于组织的统一指挥,易造成管理混乱,责权不清;一部门难以理解另一部门的目标和要求,不能很好地配合,横向联系差;在科学技术迅速发展、经济联系日益复杂的情况下,对环境发展变化的适应性也差,不够灵活;不利于在管理队伍中培养全面的管理人才,因为每个人都力图向专业的纵深方向发展自己。

职能制组织结构通常在只有单一类型产品或少数几类产品,并且市场环境相对稳定的企业中采用。

三、直线职能制组织结构

直线职能制组织结构是把直线制和职能制结合起来形成的。其组织结构形式如图1-4所示。

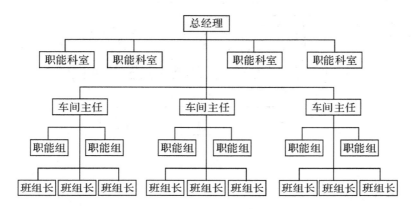

图 1-4

1.直线职能制组织结构的特点

直线职能制组织结构是以直线为基础,在各级行政负责人之下设置相应的职能部门,分别从事专业管理,作为该级领导者的参谋,实行统一指挥与职能部门参谋、指导相结合的组织结构形式。职能部门拟定的计划、方案以及有关指令,统一由直线领导批准下达,职能部门无权直接下达命令或进行指挥,只起业务指导作用,各级行政领导人实行逐级负责,高度集权。

2.直线职能制组织结构的优点

直线职能制管理组织形式是在综合了直线制和职能制的优点,摒弃其缺点的基础上形成的。因此,它既保持了直线制的集中统一指挥的优点,又吸取了职能制发挥专业管理的长处,从而提高了管理工作的效率。直线职能制的产生使组织管理大大前进了一步。许多企业普遍采用这种组织形式,甚至机关、学校、医院等也采用直线职能制的结构。

3.直线职能制组织结构的不足之处

权力集中于最高管理层,下级缺乏必要的自主权。各职能部门之间的横向联系较差,容易产生脱节与矛盾。各参谋部门与指挥部门之间目标不统一,容易产生矛盾。信息传递路线较长,反馈较慢,适应环境变化较难,实际上是典型的集权式管理组织结构。

四、事业部制组织结构

事业部制组织,亦称"M"型组织。它以产生目标和结果为基准来进行部门的划分和组合。

事业部制是西方经济从自由资本主义过渡到垄断资本主义以后,在企业规模大型化、企业经营多样化、市场竞争激烈化的条件下出现的一种分权式的组织形式。最早是由美国企业管理专家斯隆在 20 世纪 20 年代初担任美国通用汽车公司总经理时研究和设计出来的,故又称为"斯隆模型"。其组织结构形式如图 1-5 所示。

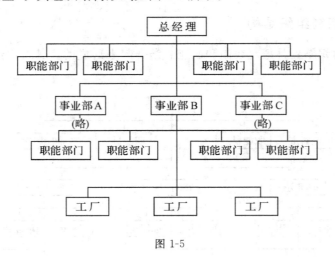

图 1-5

1. 事业部制组织结构的特点

事业部制组织结构的主要特点是"集中决策,分散经营",即在集权领导下进行分权管理。这种组织结构形式,就是在总公司的领导下,按产品、地区或经营部门分别设立若干事业部(或称子公司),每个事业部都是独立核算单位,在经营管理上拥有很大的自主权。总公司只保留预算、人事任免和重大问题的决策等权力,并运用利润等指标对事业部进行控制。在事业部制组织结构中,重要决策可以在较低的组织层次做出,因此,与职能制组织比较,它有利于以一种分权的方式来开展管理工作。

2. 事业部制组织结构的主要优点

在事业部制组织结构中各事业部单独核算、自成体系,在生产经营上具有较大的自主权,这样有利于调动各事业部的积极性,有利于培养和训练高级管理人才,便于各事业部之间开展竞争,从而增强企业对环境条件变化的适应能力;有利于最高管理层摆脱日常行政事务,集中精力做好有关企业大政方针的决策;便于组织专业化生产,便于采用流水作业和自动线等先进的生产组织形式,最终提高生产效率,保证产品质量,降低产品成本。

3. 事业部制组织结构的主要缺点

在事业部制组织结构中,管理层次多,造成机构重叠,管理人员和管理费用增加。由于各事业部独立经营,各事业部之间人员互换困难,相互支援较差。各事业部经常从本部门出发,容易滋长不顾公司整体利益的本位主义和分散主义倾向。

事业部制组织结构形式一般适用于企业规模较大,产品种类较多,各种产品之间的工艺差别也较大,而市场条件变化也较快,要求适应性比较强的大型联合企业。

五、矩阵组织结构

在企业组织结构上,把既有按职能划分的垂直领导系统,又有按产品(项目)划分的横向领导系统的结构,称作矩阵组织结构,也叫规划—目标结构,或规划—矩阵结构。其组织结构形式如图 1-6 所示。

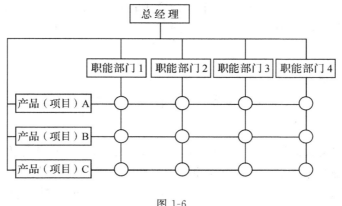

图 1-6

1.矩阵组织结构形式的特点

企业为了完成某一项特别任务,例如组建一个专门的产品(项目)小组去从事新产品开发工作,在研究、设计、试制、制造各个不同阶段,由有关职能部门派人参加,力图做到条块结合,以协调各有关部门的活动,保证任务的完成。矩阵组织结构形式是固定的,但是每个专门产品(项目)小组是临时组织起来的,任务完成以后就撤销,成员回原单位工作。在一项任务的执行过程中,不是把这个项目从一个部门转移到另一个部门,而是不断更换专门小组的成员,每一专门小组都有负责人,直接对总经理负责。

2.矩阵组织结构的主要优点

矩阵组织结构将组织的纵向联系和横向联系更好地结合起来,有利于加强各职能部门之间的协作和配合,及时沟通情况,解决问题。它具有较强的机动性,能根据特定要求和环境的变化,保持高度的适应性。把不同部门、具有不同专长的专业人员组织在一起,有利于互相启发,集思广益,有利于攻克各种复杂的技术难题,更加圆满地完成工作任务。它在发挥人的才能方面具有很大的灵活性。

3.矩阵组织结构的主要缺点

矩阵组织结构的组织管理比较复杂,稳定性差:由于小组成员是由各职能部门临时抽调的,任务完成以后,还要回到原职能部门工作,容易使小组成员产生临时观点,不安心工作,从而对工作产生一定影响。权责不清:由于每个成员都要接受两个或两个以上的直接领导,当意见不一致时,就会使他们的工作无所适从,从而使组织工作过程容易失去效率。

矩阵组织结构形式适用于设计、制造等创新性质工作,例如军工、航天工业(飞机、导弹)公司采用这种形式有突出的优越性。采用这种组织结构形式,选好产品(项目)小组的负责人很重要,他既要掌握所需要的专业技术知识和技能,又要具备必要的管理知识和技能。

六、企业选择组织结构时应注意的问题

从以上各种组织结构形式来看,没有一种是十全十美的。因此,企业必须从实际出发,加以应用。一般说来,选择企业组织结构形式,要考虑企业的生产性质、企业规模的大小、产

品种类的多少、生产工艺特点以及市场大小等因素。因而不同的企业会有不同的组织结构形式。同一企业在不同时期,组织结构形式也会有变化。在同一企业中,也可能把几种不同的组织结构形式结合起来应用,形成一个多种形式的复杂的组织结构。总之,企业在选择组织结构时不一定要采用一种模式,组织结构确定后,也不是一成不变的,要随着生产经营情况变动而变更。

第六节　企业文化建设

一个没有优秀文化的民族,不能自强于世界民族之林;一个没有优秀企业文化的企业,也很难自强于市场竞争之中。企业文化是企业发展的原动力,从长期实践来看,其作用远远高于技术、经济资源和组织结构等因素。成功企业的实践表明:独特的企业文化是企业成功制胜的法宝。像日本松下公司、中国海尔公司的成功,与它们建立起富有特色的企业文化是分不开的。

一、企业文化的概述

（一）企业文化的概念

企业文化是一种弥漫于企业组织各方面、各层次的价值观念、思维方式和行为准则,是企业的风气、风格,是一种具有企业个性的信念和行为方式,它包括价值观、行为规范、道德伦理、习俗习惯、精神风貌等,而价值观处于核心地位。

（二）企业文化的层次

现代企业文化主要由四个层次所构成。

（1）表层的物质文化,是现代企业文化的第一个层次,是由企业员工创造的产品和各种物质设施等所构成的器物文化。

（2）浅层的行为文化,是企业员工在生产经营、学习娱乐、人际交往活动中的文化,这种文化是企业精神、企业目标的动态反映。

（3）中层的制度文化,是企业文化的第三个层次,主要是指现代企业生产经营活动中形成的与企业精神、企业价值观等意识形态相适应的企业制度、规章、组织机构等。这种文化被称为一种强制性文化。

（4）深层的精神文化,是现代企业文化的核心层,主要是指企业在生产经营中形成的独具本企业特色的意识形态和文化观念,它往往是企业多年经营中逐步形成的。

二、企业文化的内容和功能

（一）企业文化的内容

1.企业价值观

企业价值观是指企业及其员工的价值取向,简而言之,即对事物的判断标准。因为有了这一判断标准,所以员工知道什么是重要的,什么是可有可无的;什么是该做的,什么是不该做的;什么是可贵的,什么是要抛弃的。

2. 企业的经营哲学

企业经营哲学就是企业的指导思想,体现出企业的历史使命感和社会责任感。企业的经营哲学是长期形成的,是全体员工共同接受的思想,是企业成功经验的高度总结。企业的经营哲学反映出企业领导者的信念、抱负以及工作重点,是企业一切活动所刻意追求的目标。对任何一个企业来说,有效的经营哲学的重要性远远超过技术、资源、组织机构等要素。

3. 企业精神

企业精神是指企业所拥有的一种积极向上的意识和信念。企业精神是一种个性化非常强的企业文化构成要素。每个成功企业都有独特的企业精神,比如,著名的索尼公司的"不断开拓精神"、IBM 公司的"IBM 就是服务"的精神追求、惠普公司的"尊重个人价值"的精神,等等。尽管如此,大凡成功的企业都有相似的企业精神内核,这些精神大致包括以下内容:爱国精神、创新精神、服务精神、团结精神、民主精神。

4. 企业的道德规范

企业的道德规范是用来调节和评价企业和员工行为的规范的总称,通常包括以下内容:

(1)以公正、正直、诚实等道德规范来评价企业和员工的行为;

(2)调整企业与企业之间的竞争关系,防止不正当竞争;

(3)调整企业与顾客之间的关系,讲究职业道德,维护消费者权益;

(4)在员工与员工之间形成良好的企业风尚。

5. 企业制度

企业制度是企业行为的规则总和。企业制度是一种显性的企业文化;企业制度最明显的特征是它的目标性、稳定性和连续性;企业制度的内容体现了员工的权利和义务;企业制度的执行具有权威性和强制性;企业制度的目的是保证企业目标的实现。

6. 企业的产品

企业的产品是企业文化的凝固。通过企业产品的整体形象可以了解企业文化;企业产品的质量以及企业质量意识反映企业文化的内涵;企业产品的设计反映企业文化的品位。

7. 企业的生产环境

企业的生产环境是一个企业精神风貌的直接体现,是企业的"衣妆"。整洁、优美的环境是企业整体形象的组成部分,也是认识企业的开始;良好的生产环境是现代化生产的必要条件。生产环境在很大程度上影响员工的情绪,良好的环境激发员工"爱厂如家"的自豪感、献身企业的责任感。良好的生产环境是建设企业文化的开始。

8. 文化传统

企业文化是一个民族的文化传统在企业中的发扬。相应的,通过企业文化,又折射出一个民族的文化传统。民族文化传统中既有优良的一面,如中华民族的勤劳、朴素、重道义、善良等,可以对企业产生正面效应;也有不良的一面,如我们文化传统中的家长制作风、等级观念、平均主义等,会对企业产生负面效应。

(二)企业文化的功能

1. 导向功能

导向功能是指企业文化能够对企业整体和企业每个员工的价值取向及行为取向起引导作用,使之符合企业所确定的目标。

2.约束功能

约束功能是指企业文化对每个企业员工的思想、心理和行为具有约束和规范的作用。这不是硬约束而是一种软约束,它产生于企业中弥漫的企业文化氛围。

3.凝聚功能

当一种价值观被企业员工共同认可之后,它就会变成一种黏合剂,从各个方面把员工团结起来。

4.激励功能

企业文化能够使企业员工从内心产生一种高昂和发奋进取的精神效应,使每个企业员工从内心深处自觉地产生为企业拼搏、献身的意愿。

5.辐射功能

企业文化一旦形成较为固定的模式,它不仅在企业内部发挥作用,对本企业员工产生影响,而且还会通过各种渠道对社会产生影响。

三、企业文化的类型

企业文化或企业内某一局部组织的文化可初步分为四种类型。

(一)网络型组织:高度和睦交往,低度团结一致

在网络型组织里,员工们有时就像一家人,他们常常驻足在门厅里谈话,互相参加婚礼庆典、庆祝晚会,共进午餐甚至晚餐,连居所可能都很近。在开会讨论问题之前,朋友们或友人小集团就已弄明白有关那些问题的决策。这种非正式的方式可以给组织以灵活性,是避免官僚主义的一种好办法。

由于和睦交往的关系需要用相当长的时间才能建立起来,所以,一般来说,几乎没有哪个企业从建立初就处于网络型组织象限,许多企业都是从其他象限逐步发展到网络型组织象限的。据观察,当企业长期战略较为稳定明确,局部的市场知识是取得成功的关键要素时,比较适合建立这种类型的企业文化。

(二)利益型组织:低度和睦交往,高度团结一致

利益型组织很少有在门厅里聚会恳谈的现象,大家都围绕一个明确的目标而努力工作,企业内几乎所有的交流沟通都是针对商务问题,员工们将工作与生活明显区分开来,并且通常不能容忍低劣的工作绩效。这种高度团结一致的企业文化使企业能够对出现的市场机会或威胁做出迅速、一致的反应,保证企业抓住机会,避免危机。

根据利益型组织的特点,当企业所处竞争环境清晰,企业目标明确且可度量,或企业经营环境发生迅速而剧烈的变化时,比较适合建立这种类型的文化。

(三)分裂型组织:低度和睦交往,低度团结一致

分裂型组织最明显的特点就是员工表现出较低的组织成员意识,如大学教授和律师,他们通常认为只是在为自己工作,或者他们只认同职业团体——通常是专业团体;在工作行为上,分裂型组织成员多喜欢独自闭门工作,与同事之间的交往极少;相互之间很少就组织目标、成功的关键要素以及工作绩效标准达成共识,组织内和睦程度很低。

分裂型组织听起来像是一种非常恶劣的办公场所,管理人员都不愿意为一个分裂型组织工作,但是,的确存在着要求建立这种文化甚至是受益于这种文化的情况。

（四）公社型组：高度和睦交往，高度团结一致

在公社型组织中，员工都表现出强烈的组织意识和成员意识，如在苹果公司初创时，员工们欣然将自己视为"苹果人"。这种企业的组织生命不时被具有强烈宗教仪式意义的社会活动所强化；员工们往往是风险共担，利益共享，而且对竞争的认识非常清晰。

在企业初创阶段，由于人们目标一致程度非常高，比较容易表现出公社型文化；在成熟企业中，员工们共事多年建立了友谊和共同目标，也可以建立起公社型文化。事实上，在企业生命周期的任何阶段都可以发展公社型文化。

许多管理人员将公社型文化视为理想的企业文化。但是，高度和睦与高度团结并不一定能产生最佳效果，在和睦交往与团结一致之间可能存在着一种固定的张力，它使得公社型企业有一种天生的不稳定性。在动态、复杂的环境下，需要多部门协同工作、互相学习时，比较适于公社型组织，如信息技术、电信以及药物等部门的创新活动。

四种类型的文化并没有明显的好坏之分，它们各有优劣，因此也各有各的适应场所。对于企业管理人员而言，关键是要弄清楚自己的企业处于什么样的环境，需要建立起什么样的企业文化，如果当前的企业文化类型与面临的经营环境不适应，那么就应该想办法破旧立新。

四、企业文化的形成机制和建设

（一）企业文化的形成机制

企业文化通常是在一定的生产经营环境中，为适应企业生存发展的需要，首先由少数人倡导和实践，经过较长时间的传播和规范管理而逐步形成的。

1. 企业文化是在一定环境中适应企业生存发展的需要形成的

存在决定意识，企业文化的核心价值观就是在企业图生存、求发展的环境中形成的。例如，"用户第一、顾客至上"的经营观念，是在商品经济出现买方市场，企业激烈竞争的条件下形成的。大庆油田的为国分忧、艰苦创业、自力更生的精神，在某种程度上是在20世纪五六十年代我国面临国外封锁、国内经济困难，石油生产又具分散性及一定危险性等环境下形成的。企业作为社会有机体，要生存、要发展，但是客观条件又存在某些制约和困难，为了适应和改变客观环境，就必然产生相应的价值观和行为模式。同时，也反映了企业生存发展需要的文化，才能被多数员工所受，才有强大的生命力。

2. 企业文化源于少数人的倡导与示范

文化是人们意识的能动产物，不是客观环境的消极反映。在客观上对某种文化的需要往往交织在各种相互矛盾的利益之中，羁绊于根深蒂固的传统习俗之内，因而一开始总是只有少数人首先觉悟，他们提出反映客观需要的文化主张，倡导改变旧的观念及行为方式，成为企业文化的先驱者。正是由于少数领袖人物和先进分子的示范，启发和带动了企业的其他人形成了企业新的文化模式。

3. 企业文化是坚持宣传、不断实践和规范管理的结果

企业文化实质上是一个以新的思想观念及行为方式战胜旧的思想观念及行为方式的过程，因此，新的思想观念必须经过广泛宣传、反复灌输才能逐步被员工所接受。例如，日本经过几十年的宣传灌输，终于形成了企业员工乃至全民族的危机意识和拼搏竞争的精神。

企业文化的形成要经历一个逐步完善、定型和深化的过程。一种新的思想观念需要不

断实践,在长期实践中,通过吸收集体的智慧,不断补充、修正,逐步趋向明确和完善。

文化的自然演进是相当缓慢的,因此,企业文化一般都是规范管理的结果。企业领导者一旦确认新文化的合理性和必要性,在宣传教育的同时,便应制定相应的行为规范和管理制度,在实践中不断强化,努力转变员工的思想观念及行为模式,建立起新的企业文化。

(二)企业文化的建设

根据企业文化的形成机制及国内外的成功经验,在企业文化建设中应抓好以下主要环节。

1.科学地确定企业文化的内容

在确定企业文化的内容过程中,应考虑以下几点:

(1)根据社会发展的趋势和文化的渐进性,结合国家、企业的未来目标和任务考虑文化模式。生产方式、生活方式的变化和进步,必然导致人们心理及行为模式的发展和变异。文化的渐进是一条客观规律,也是实现民族的、企业的新目标、新任务的必然要求。

(2)根据企业的外部客观环境和内部现实条件,形成企业的共性文化和个性文化。例如,社会化大生产要求协作精神、严格的纪律和雷厉风行的作风;商品经济要求与用户搞好关系,保证产品和服务质量。这些都是不以民族和企业特点为转移的。但各企业在自然资源、经济基础、人员构成等方面存在差异,客观上会产生和要求不同的文化特点。例如投资大、见效慢、风险性较大的企业,一般需要远见卓识、深思熟虑、严谨的态度和作风,而生产生活消费品的企业则要求灵活、机敏的作风。

(3)对源远流长的民族文化和现有的企业文化采取批判地继承的态度,取其精华,去其糟粕,采用辩证分析的方法,不能简单地肯定或否定。特别要善于发扬本企业的优良传统。

(4)博采众长,借鉴吸收其他民族和企业的优秀文化。日本松下电器公司就十分注重荟萃世界优秀企业文化。它规定在国外的子公司有研究各国企业的使命,子公司领导人回国述职或参加培训,首先要报告所在国家和地区企业文化的特点。对于外来的企业文化,也不能简单地采取"拿来主义",而应持认真鉴别、分析研究、有选择地吸收的态度。要搞清楚哪些是优秀的,哪些是适用于自己的。同时采借别人的长处、精华,还必须进行一番改造,才能适用于自己的企业。如20世纪50年代初,美国人向日本企业家传授的产品质量管理的考评和测量技术,很快被日本人改造成世界著名的QC小组活动。

(5)重视个性发展。一个企业的文化个性,是这个企业在文化上与其他企业不同的特性。它只为这个企业所有,只适用于这个企业,是这个企业生存、发展条件及其历史延续的反映。国内外的优秀企业,都是具有鲜明的文化个性的企业。同是美国文化区内的企业,惠普公司文化便表现出许多与众不同的地方。它倡导团体主义,主张建立轻松、信赖、和谐的人际关系。公司宗旨明确写着:"组织成就乃系每位同仁共同努力之结果。"我国企业文化建设刚刚开始,一般企业还不具备自己独特的文化风格,更需要重视企业文化个性的发展。首先要认清自己的特点,发挥本企业及其文化素质的某种优势,在自己经验基础上发展本企业的文化个性。

(6)着眼企业发展战略,注重培育企业精神。企业文化要配合企业发展战略的需要,为促进企业发展服务。企业精神是企业文化的核心,是企业的精神支柱。企业精神的内容与企业发展战略相适应。例如,40年来,株洲时代集团公司员工辛勤耕耘,铸就了"团结和谐,求实创新,拼搏奉献"的企业精神,正是有了这种精神,株洲时代集团公司事业的发展才有了不竭的精神动力和力量源泉。

2.宣传倡导,贯彻落实

(1)广泛宣传,形成共识。大庆油田 1205 钻井队是"铁人"王进喜生前领导的钻井队,以后虽换过不少届领导班子,员工也不断更新,但由于坚持对工人进行艰苦创业传统的宣传教育,"铁人精神"一直保持并发扬光大。

(2)领导带头,身体力行。企业领导者都是企业文化的龙头,企业领导者的模范行为是一种无声的号召,对员工起着重要的示范作用。因此,要塑造和维护企业的共同价值观,领导者本身应成为这种价值观的化身,并通过自己的行动向全体员工灌输企业的价值观。首先,领导者要注重对企业文化的总结塑造、宣传倡导。其次,要表率示范,在每一项具体工作中都体现企业的价值观。

(3)完善制度,体制保证。企业文化是软硬结合的管理技巧,在建设企业文化时应"软硬"兼施,相辅相成。在培育企业员工整体价值观的同时,必须建立、健全、完善必要的规章制度,使员工既有价值观的导向,又有制度化的规范。同时,在建设企业文化时,要调整好企业内部的组织机构,建立和形成文化建设所要求的组织体系。

(4)树立榜样,典型引导。发挥榜样的作用是建设企业文化的一种重要且有效的方法。把那些最能体现价值观的个人和集体树为典型,大张旗鼓地进行宣传、表彰,并根据客观形势的发展不断调整激励方法,有利于优秀企业文化的形成和发展。迪尔和肯尼迪在其合著的《公司文化》一书中,把英雄楷模人物作为企业文化五大构成要素之一,认为没有英雄人物的企业文化是不完备的文化,是难以传播和传递的文化。

(5)加强培训,提高素质。一个企业若员工的基本素质不高或缺乏良好的职业道德,生产力的健康持续发展是不可能的,企业文化建设也只能是纸上谈兵。加强培训,不断提高企业员工基本素质,是建设文化的基础保证。在日本松下电器公司,每一个即将走上工作岗位的年轻人,都必须首先接受职业道德、经营思想、集体意识、自我修养的集训,进行语言、待人接物的礼节教育,考试合格后才被录用。

3.积极强化,持之以恒

企业员工的价值观、信条、口号、作风、习俗、礼仪等文化要素,是不断进行积极强化的产物。强化指的是人们的某种行为因受到一定刺激而继续或中断的过程。使行为继续下去的强化叫做正强化或积极强化;使行为中断或中止的强化叫做负强化或消极强化。积极强化的刺激使人们获得奖赏性情绪体验,而消极强化的刺激带给人们惩罚性情绪体验。趋乐避苦,趋利避害,是人类行为的基本法则,在建设企业文化时也应遵循这些法则,对员工的正确行为给以积极强化。

企业文化建设应是企业的长期行为,靠短期突击不能奏效,而且是有害的。由组织的少数人的创造、倡导的某种文化,传播到组织的每个团体,再由一个个团体传播给每一个人,使之在企业的每个角落里生根、开花、结果,这是一个长期的过程。改变企业文化的模式,不仅要长期积累新文化质,而且要同旧文化质的"惰性"进行反复较量、作长期斗争。学习、采借别的文化,不仅要经过鉴别,以决定取舍,而且要经过长时间的加工制作、消化领会,才能把它吸收进自己的文化里。因此,进行企业文化建设必须长期努力,持之以恒。

4.面对变化,适时调整

事实上,管理人员一直面临着调整其企业文化以适应环境变化的挑战。过去 10 多年里,迫于竞争的压力,许多具有强大的忠诚与共同奋斗传统的规范的大企业已经被迫由网络型文化变成利益型文化。因此,成功的企业不仅需要认识目前的环境状态,而且还要了解其发展方向,并能够有意识地调整和睦交往程度以及团结一致程度,选择合适的企业文化,以适应挑战。

[案例思考一]

海尔的组织结构

20 世纪 80 年代,海尔同其他企业一样,实行的是"工厂制"。集团成立后,1996 年开始实行"事业部制",集团由总部、事业本部、事业部、分厂四个层次组成,分别承担战略决策和投资中心、专业化经营发展中心、利润中心、成本中心职能。

1. 事业部——由集权向分权制转化的一种改革

事业部制是一种分权运作的形式,首创于 20 世纪 20 年代的美国通用汽车公司和杜邦公司。它是在总公司领导下设立多个事业部,各事业部有各自独立的产品和市场,实行独立核算。事业部内部在经营管理上则拥有自主性和独立性。这种组织结构形式最突出的特点是"集中决策,分散经营",即总公司集中决策,事业部独立经营。这是在组织领导方式上由集权向分权制转化的一种改革。

海尔的事业部制,外面一般认为是学习或模仿日本的体制。实际上,它更多地学习参考了美国通用电气公司(GE)的管理体制。海尔在很多方面带有明显的 GE 痕迹。

美国 GE 的组织机构变迁经过三个阶段:一是 20 世纪 60 年代的分权运作,促进了主业的增长和经营的多样化;二是 70 年代根据公司总财源的分配来安排下属单位的战略需求,让各下属公司建立战略事业单位,使公司扩大了规模、增加了产品的种类并使利润持续不断地增长;三是到 80 年代进入战略经营管理时期,对前两个阶段的组织模式不断进行修正。

张瑞敏认为这种高度分权对市场销售具有有效刺激,但又发现,这种个体户式的拼杀,会造成各事业部之间盲目竞争,竞相重复使用内外资源,于大局不利,有可能形成单位销售额上升而集团整体投资回报率不高的局面,不利于集团重点扶持未来有发展前途的产业。因此,海尔对分权的大小、多少有自己战略性的考虑。对"夕阳型"的产品尽可能分权划小经营单位,让其随行就市;而对"朝阳型"的产业,如未来的数字化家电,则要集中人力和财力,做大规模,确保竞争力。

果然,GE 后来发现,公司的销售额大幅度增长了,但每股的红利并没有随着增长,与此同时,公司的投资回报率也下降了。

2. 从超事业部到"脱毛衣"

1972 年起任 GE 董事长的雷金纳德·琼斯于 1978 年再次改组了公司的体制,实行"执行部制",也就是"超事业部制"。这种体制就是在各个事业部上再建立一些"超事业部",来统辖和协调各事业部的活动,也就是在事业部的上面又多了一级管理。在改组后的体制中,董事长琼斯和两名副董事长组成最高领导机构执行局,专管长期战略计划,负责和政府打交道,以及研究税制等问题。执行局下面设 5 个"执行部",每个执行部由一名副总裁负责。执行部下共设有 9 个总部(实为集团),50 个事业部,49 个战略事业单位。各事业部的日常事务,以至有关市场、产品、技术、顾客等方面的战略决策,以前都必须向公司最高领导机构报告,而现在则分别向各执行部报告就行了。

张瑞敏说,海尔的事业本部有些像1978年GE实行的"超事业部制",它管了不少事业部,事业部下又管了不少项目和经营单位。像GE的5个执行部归副总裁领导一样,海尔的几位副总裁也分别领导着几大事业本部,总裁只管横向的几大中心,如财务中心、规模发展中心、资产运营中心、人力资源中心和企业文化中心等。

韦尔奇接替琼斯后,对组织结构又作大幅度的重新设计。他把组织的层级比作毛衣,当人外出穿了四件毛衣的时候,就很难感觉到外面的天气有多冷了。因此,韦尔奇撤销了事业部之上的管理机构,废除了战略事业单位,使自己能够和事业部的领导人直接互动。这个新秩序的主要效果,就是赋予独立自主的事业部主管以权力,特别是大幅度扩大了他们在资本配置上的权力,而这是管理上最重要的功能之一。改革以前,GE的组织就像多层的结婚蛋糕,改革后它像一个车轮,在中间有个轮轴,其外有轮辐向外延伸扩大。

3.有序的非平衡结构

在企业的运作方式上,海尔集团采取"联合舰队"的运行机制。集团总部作为"旗舰"以"计划经济"的方式协调下属企业。下属企业在集团内部是事业本部,对外则是独立法人,独立进入市场经营,发展"市场经济",但在企业文化、人事调配、项目投资、财务预决算、技术开发、质量认证及管理、市场网络及服务等方面须听从集团的统一协调。用海尔人人都熟悉的话说,各公司可以"各自为战",不能"各自为政"。张瑞敏说,集团所要求的,你必须执行,有问题我来负责、我来订正。你可以提出建议,但绝不许阳奉阴违。

在谈到海尔的组织结构的变迁时,张瑞敏强调了"有序的非平衡结构":"整个组织结构的变化源自我们组织创新的观点,就是企业要建立一个有序的非常平衡结构。一个企业如果是有序的平衡结构,这个企业就是稳定的结构,是没有活力的。但如果一个企业是无序的非平衡,肯定就是混乱的。我们在建立一个新的平衡时就要打破原来的平衡,在非平衡时再建立一个平衡。就像人的衣服一样,人长大了服装就要改,如果不改肯定要束缚这个人的成长。"

[复习思考题]

1.现代企业有哪些类型?

2.企业管理有哪些具体的职能?

3.现代企业制度有哪些特征,如何推进现代企业制度建设?

4.事业部制组织结构有哪些特点?

5.许多事业单位的组织结构与企业的组织结构相同,请画出你所就读学校的组织结构图。

6.什么是企业文化? 企业文化有哪些类型?

7."企业文化"、"校园文化"都是文化,你觉得它们之间有何重大差异?

职校生成长故事(二)

入职培训结束后,洪波同学被分配到机加工车间当质量检验员。工作中洪波虚心向师傅学习,认真做好产品质量检验工作。一个月后,洪波同学适应并基本胜任了质检工作。

工作适应后,洪波同学意识到在企业工作要想谋求发展,必须懂得企业管理知识,因此他制订了自学计划,购买了有关书籍,开始自学企业管理基础知识。

半年后,洪波同学顺利结束了试用期,正式与 TY 公司签订了劳动合同。这时洪波也发现 TY 公司虽然重视生产管理和产品质量管理,但对一些基础工作却不十分重视,如企业规章制度陈旧、生产管理信息滞后、劳动定额不先进等问题。经过深思熟虑后,洪波决定向厂部提交一份书面的改进建议。

第二章 企业管理的基础工作

企业管理的基础工作就像高楼大厦的基础,建筑高楼大厦离不开坚实的基础,要搞好企业管理,同样离不开完善的基础工作。

第一节 企业管理基础工作概述

企业管理基础工作是企业管理的一个重要组成部分,是各项专业管理的基石,基础工作的完善程度,直接关系到企业经营管理水平的高低和经济效益的好坏。

一、企业管理基础工作的概念

企业管理基础工作,是在生产经营过程中,为实现企业的经营目标和执行各项专业管理职能而进行的提供资料依据、共同准则、前提条件和基本手段等经常性工作。

二、抓好企业管理基础工作的重要意义

1. 企业管理基础工作为实现各项管理职能提供依据

企业管理基础工作为企业经营决策、制订计划提供可靠的数据和信息,也为组织和指挥生产经营活动以及建立正常的生产秩序提供必要的依据。

2. 企业管理基础工作为实行企业内部经济责任制和经济核算制提供重要保证

经济责任制和经济核算制是提高企业经济效益的综合性制度。要推行这两项制度,一方面要有原始记录、统计数据等信息资料,另一方面又要有定额、标准等依据,这样才能有效地组织生产活动,正确贯彻按劳分配原则,调动广大员工的积极性,严格按标准办事,从而保证产品质量,降低消耗,提高生产效率和经济效益。

3. 企业管理基础工作是实现企业管理现代化的必要前提

企业管理现代化必须以健全的基础工作为起点和条件,如系统工程、价值工程及目标管理,就离不开计量、信息、定额和健全的规章制度;没有完整、可靠的基础工作,先进的管理方法就无法采用和推行,所以没有健全的基础工作,就没有企业管理现代化。

4. 企业管理基础工作是民主管理的重要内容

通过员工民主管理,搞好班组的计量工作、原始记录、统计工作和定额管理工作,通过及时、准确、全面地填报各种账、卡、表,可以调动员工搞好生产与关心企业的积极性。

三、企业管理基础工作的特征

1. 科学性

企业管理基础工作反映企业生产经营活动的客观规律,它是以科学资料和方法为依据的客观存在,是不以人们意志为转移的。

2. 群众性

企业管理基础工作涉及面广,工作量大,必须依靠广大群众参与并持之以恒地贯彻执行。

3. 先行性

企业管理基础工作必须在企业各项管理职能工作开展之前做好,为各项管理提供资料、准则、条件和手段。

4. 先进性

企业管理基础工作中各项标准的制订和修改,要坚持先进合理水平。没有先进的标准,就不会有先进的管理水平。

5. 变动性

企业管理基础工作建立后,必须保持相对稳定性,但也应随着生产技术组织条件的变化而变化,以适应管理发展的需要。

6. 系统性

现代企业管理是由各项专业管理有机组成的综合管理工作体系,客观上要求各项专业管理必须协调配合,形成整体功能。作为现代企业管理基础工作的各项内容,也必须按照经营目标的要求,配套组成一个完整的体系,从而保证经营目标的实现。

四、加强基础工作的途径

当前,企业正在逐渐摆脱小生产经营方式的影响,全面推行科学管理和现代管理,但是由于专业人才、管理水平和经济技术条件的差异,企业管理基础工作的发展还很不平衡,要加强基础工作,应从以下四方面进行。

1. 提高认识、加强领导

企业管理是一门科学,要加强管理,必须从基础工作做起,为推行科学管理和现代管理创造条件,才能使生产经营活动有条不紊地进行,这是不以人们意志为转移的客观规律,不论自觉还是不自觉地违反这条规律,都会受到惩罚。基础工作又是一项平凡而细致的工作,并且是长期性的任务,要防止抓抓放放,时紧时松的反复现象。因此,企业的各级领导必须对基础工作给予足够的重视,发动全体员工,扎扎实实持之以恒地抓好基础工作。

2. 培养人才、建设队伍

我国企业管理人员十分缺乏,特别是基础管理专业人才更加紧缺。目前,很多企业管理基础人员没有经过专业训练,严重地影响了基础工作的提高。因此,迅速培训基础工作专业人才,已成为当前的迫切任务,企业应有计划地、多层次、多形式、多内容地加强培训工作。同时要制定必要的政策,调动他们的积极性,稳定队伍。

3. 完善手段、建立网络

为了提高产品质量和降低物资消耗,必须有符合标准的计量测试设备,企业要投入必要的资金,充实完善和配齐各种仪器、仪表等设备。另外企业和企业之间的计量测试手段,企业和地区性计量测试中心之间的计量测试手段,应建立横向联合网络,互通有无,取长补短,充分发挥现有计量测试手段的作用。

4.学习先进、总结经验

外国资本主义企业推行管理现代化的经验比我们丰富,有很多行之有效的经验值得我们学习和研究,如信息管理现代化、企业标准化等。但是,学习和研究外国的经验,必须结合我国的国情、厂情,必须从企业目前基础工作的实际情况出发,与我们过去经过实践,而且已经取得效果的基础工作经验结合起来,只有这样,才能少走弯路,事半功倍,尽快地使基础工作达到先进、准确、齐全、配套的水平,从而加速企业管理现代化的进程。

第二节 企业管理基础工作的内容

要搞好企业的管理,首先要有扎实的基础工作。随着企业管理水平的提高,企业管理基础工作的内容会不断丰富,从现阶段来说,企业带有共性的基础工作主要包括标准化工作、定额工作、计量工作、规章制度、信息工作和基础教育等。

一、标准化工作

(一)标准和标准化

标准是对重复性事物和概念所作的统一规定,它以科学技术和实践经验的综合成果为基础,经过有关方面协商一致,由主管机构批准,以特定形式颁布,作为共同遵守的准则和依据。

标准化工作是指以制订和贯彻标准为主要内容的各项工作。这一工作的范围十分广泛,涉及技术、经济、科学、管理每个领域。这一过程是一个不断循环提高的过程,每完成一个循环,标准的水平就提高一步。

标准化工作是企业经营管理的一项重要基础工作。做好这一工作,对于企业吸收新技术,提高产品质量和生产效率,合理利用资源,组织专业化、现代化生产和推进科学管理,提高经济效益等都具有重要意义。

(二)标准的分类

按照标准的性质,可分为技术标准和管理标准。

1.技术标准

技术标准是对技术活动中需要统一协调的事物所制订的准则。技术标准包括四方面内容:

(1)产品标准。是对产品的规格、参数、质量要求、检查方法以及包装运输、使用维修等所作的统一规定。

(2)方法标准。是对生产过程中具有通用性的重要程序、规则、方法所作的统一规定。如试验方法、检验方法、抽样方法、设计规程、工艺规程等标准。

(3)基础标准。是针对生产技术活动中的共性问题,依据一般规律而制订的基本规则,具有广泛的通用性。如公差配合、制图标准、通用技术条件、结构要素等规定。

(4)安全与环保标准。是对设备与人身安全、卫生与环境保护等的专门规定。

2.管理标准

管理标准是对有关管理方法、工作程序等所作的统一规定。管理标准包括五个方面的内容：

(1)技术管理标准。是指对有关技术管理所制订的规则。如图纸、技术文件、情报资料档案的管理规定及技术工作程序、方法、内容的规定等。

(2)生产组织标准。指为合理组织生产而制订的管理标准。它包括：期量标准(如生产周期、间隔期、生产批量、储备量等)、生产能力标准、资源消耗标准，以及生产过程的计划、组织、控制的方法、程序、规程等。

(3)经济管理标准。指对产品价格、生产费用、收益分配等所作的规定。

(4)管理业务标准。指对某一管理环节的业务内容、职责范围、工作方法、工作质量及考核、奖惩等所规定的准则。

(5)工作标准。指对员工和科室人员制订的岗位责任。

按照标准的使用范围，可分为国际标准、国家标准、专业标准和企业标准。

1.国际标准

国际标准是由国际标准化组织(ISO)和国际电工委员会(ISC)制订颁发的标准。它是由许多国家共同协商、合作制订的，是世界性的通用标准。

2.国家标准

国家标准是指对全国经济、技术发展具有重大意义而又必须在全国范围内统一的标准。主要包括：基本原料、材料标准；重要产品的标准；安全、健康和环境保护标准；有关互换配合、通用技术语言等基础标准；通用的零部件、元器件和工量具标准；通用的试验和检验方法标准等。国家标准是由国家组织制订和颁布并执行。

3.专业标准

专业标准是指由各专业组织制订的专业范围内统一的标准。专业标准是国务院各部委制订和颁布执行的，故又称部颁标准。

4.企业标准

企业标准是指对企业生产技术组织工作具有重要意义而又需要统一的标准。这类标准可能是国家标准和专业标准中没有规定的，也可能是企业为提高产品质量而制订的，比国家标准、专业标准更先进的质量标准。

(三)企业标准化工作

1.企业标准的制订

凡有国家标准或专业标准的，企业必须遵照执行。根据生产经营的需要，对目前尚无上级标准，或上级标准中尚无规定的某些特殊要求，以及为了提高产品质量，需要弥补或提高上级标准的需求，可以制订本企业的标准。

制订企业标准的主要原则是：

(1)贯彻国家的技术政策，符合"经济、实用、节能、安全、可靠"的要求；

(2)要与有关的国家和专业标准协调一致，不得抵触；

(3)要从本企业实际条件出发，使所订标准宽严适度、繁简相宜、切实可行；

(4)要有利于产品质量的提高和技术进步；

（5）要有利于产品的专业化发展。

制订企业标准的大体步骤是：首先是广泛收集与制订标准有关的各种资料，作为制订标准的依据；其次要在综合分析各种资料的基础上，起草标准草案，广泛征求意见后再作认真修改，并作必要的试验求证；最后报有关部门审定，经审定合格后颁布执行。

2．标准的贯彻执行

标准是企业的技术法规，必须严肃执行。为了确保标准的贯彻执行，应做好以下几方面的工作：

（1）组织严密、措施扎实。要根据本企业实际建立必要的机构或配备专职人员主持标准化工作，组织标准的执行；要组织有关人员学习标准，切实掌握其要求；要准备好执行标准所需要的设备、工具、测试仪器；要做好贯彻标准的各项技术准备工作。

（2）"一化三制"有机结合。即标准化与责任制、核算制、奖惩制紧密结合起来，使企业标准化工作的管理职责分明。

（3）加强控制，不断提高。要随时了解和分析标准的执行情况，发现偏差，立即纠正。对于标准化的成果，要善于总结，以利于标准化水平的不断提高。

（4）主动联系、虚心请教。企业标准化工作基础较差，自身的专业人才缺乏，因此十分需要专业标准化管理部门的指导和帮助，以提高水平，少走弯路，推动标准化工作的顺利开展。

二、定额工作

（一）定额与定额工作

定额是指在一定的生产技术和组织条件下，企业对人力、物力、财力的消耗、占用和利用所规定的数量界限。

定额工作是指各类技术经济定额的制定、执行和管理等工作。企业在人力、物力、财力等各个方面，凡是能够实行定量考核的，都要制定定额。要坚持定额水平的先进性，建立和完善定额体系，维护定额的严肃性，建立严格的定额管理制度。

做好定额工作，对于合理组织生产经营活动，搞好计划管理和经济核算，实行经济责任制和贯彻按劳分配原则，提高劳动生产率和经济效益等都有十分重要的意义。

（二）定额的种类

企业的定额是根据各个企业的产品情况、技术要求、生产条件等具体情况而决定的，不同的部门、行业、工种，各有不同的定额。归纳起来主要有以下几种：

1．劳动定额

劳动定额是指在一定的生产技术组织条件下，为生产一定量的产品或完成一定量的工作所预先规定的劳动消耗量标准。通常有工时定额和产量定额两种形式。

2．物资定额

物资定额是指为完成一定量产品或完成一定量工作所规定的物资消耗和储备量标准，如原材料消耗定额，辅助材料、燃料、动力消耗定额，工具消耗定额，原材料储备定额，半成品储备定额，成品储备定额等。

3．设备利用和维修定额

设备利用定额是指为了达到一定的技术经济效果而规定设备利用程度的标准，如单位产品的台时定额，单位设备的产量定额，设备开动率、利用率等。

设备维修定额是指对设备维修保养规定的标准,如设备完好率、修理周期、修理间隔期等。

4.生产组织定额

生产组织定额是指为了保证生产的连续性、比例性和节奏性而为各生产环节规定的期量标准,如节拍与节奏、流水线工作指示图表、在制品定额、批量与生产间隔期、生产周期与提前期等。

5.流动资金定额

流动资金定额是指为保证企业正常生产经营活动所需要的流动资金数量限额,如储备资金定额、生产资金定额、成品资金定额等。

6.管理费用定额

管理费用定额是指对管理费用支出所规定的标准,如企业管理费用定额和车间管理费用定额等。

7.厂内计划价格

厂内计划价格是为了进行经济核算和实行经济责任制,对企业内部互相提供的材料、半成品、在制品、劳务等规定的内部价格。

(三)定额的制定方法

制定定额的方法很多,常用的方法有:经验估计法、统计分析法、类推比较法和技术测定法。具体内容在第三章第二节中详细介绍。

三、计量工作

(一)计量和计量工作

所谓计量,就是用一种标准的单位量去测定另一同类量的值。它是通过技术和法制相结合的手段,保证单位统一,量值准确、可靠的测量。统一是计量的核心,技术和法制是计量的手段,实现量值的准确一致是计量的目的。

计量工作,就是应用度、量、衡等科学技术工具进行测量的过程。做好计量工作,对于增加产量、保证质量、提高劳动生产率、降低原材料消耗、安全生产等方面具有重要作用。

计量工作包括计量技术和计量管理两方面的内容。计量技术是指计量标准的建立、量值的传递及在生产中的实际测量技术,包括计量手段和计量方法。计量管理指为了保证量值的准确统一和量值的传递而进行的各种管理活动。

(二)企业计量工作的任务和要求

1.企业计量工作的基本任务

企业计量工作是国家计量工作的重要组成部分,其基本任务是:贯彻国家计量法规,监督检查企业各部门执行的情况,并保证测量的准确性和统一性,以充分发挥计量的作用。

2.企业计量工作要求

(1)全面性。凡是需要计量的地方,都要配齐、配好计量器具,并按规定严格进行计量,把计量工作贯穿于企业供、产、销全过程。

(2)准确性。做到计量器具齐备无缺、质量稳定、示值准确。要正确使用计量器具,妥善保管并定期检查,避免不合格、不准确的计量器具流转使用。

(3)统一性。要建立统一的计量制度,配备合格的计量人员,完善量值的传递系统,要教育计量人员严守统一的操作规程,提高操作技能。

(三)加强企业计量工作的措施

1.健全计量机构,加强计量队伍建设

产品技术要求高,测量任务重的企业,应设立中心计量室,下设专业小组。小企业可设计量室,也可只设计量组或专职计量员。

计量工作是一项技术性和法制性很强的工作,因此必须在健全机构的同时,相应地充实配备必需的计量人员。同时为了提高计量人员的水平,必须有步骤地培养,有计划地轮训,逐步在企业中建设一支有一定技术素质的队伍。

2.建立企业计量标准和量值传递系统

计量标准是确保企业计量工作中一切测量精度的基础,而量值传递又是保证企业众多的计量器具准确一致的管理手段。企业应根据生产过程的要求和产品测试的精度等级,以及经济合理的原则建立相应的计量标准器,对于使用最高一级计量标准器,必须报计量管理部门校正审定。在建立企业计量标准的基础上,建立"标准器—计量器具—产品"的量值传递系统。

3.配齐配好计量器具,完善计量手段,提高检测率

为了实现企业技术进步和提高经济效益,将企业计量检测手段的各类计量器具配齐管好,是做好计量工作的重要环节。计量器具和仪表的配备,应适合企业生产和管理的需要。生产工艺流程中质量、状态控制和产品检验的计量器具配备率应达到100%;能源管理的计量器具配备率达到95%以上。计量器具的选择应保证产品或工艺精度的要求,在这个基础上提高计量检测率。

四、规章制度

(一)规章制度的概念

规章制度是指企业对生产、技术、经济等活动所制定的各项规则、章程、程序、办法和实施细则的总称。作为企业全体员工的行动规范和准则,使企业全体人员做到统一指挥、统一行动,人人有专职、事事有人管、办事有依据、检查有标准、工作有秩序、协作有规矩。只有这样,才能保证企业生产经营活动顺利而有效地进行。

(二)企业规章制度的种类

企业规章制度种类很多,归纳起来可分为以下四类。

1.基本制度

企业基本制度主要是指企业领导制度。

2.管理制度

企业管理制度是有关企业思想、奖惩、考勤、生产、技术、经济等项管理工作的制度。主要有:思想政治工作制度、职工奖惩制度、职工考勤制度、生产计划管理制度、物资供应制度、产品销售制度、技术质量管理制度、统计制度、经济核算制度等。

3.责任制度

企业责任制度是规定企业各级组织和各类人员的工作范围、工作责任及相应的权限,包括各级领导人员责任制、职能部门责任制和员工责任制三个层次。

4.技术规程

技术规程是为执行标准、保证生产有秩序地顺利进行,在产品的加工过程中指导员工操作、使用和维修机器设备以及技术安全等方面所作的规定。一般有工艺规程、操作规程、设备维修规程和安全技术规程等。

(二)规章制度的制定

企业的规章制度种类很多,各种企业也各不相同,但在制定时必须注意:

1.各种规章制度不能互相抵触

企业制定的各种规章制度在内容上首先与上级制定的规章制度一致,不能有违背抵触的情况。其次,各种规章制度之间不能互相矛盾,否则员工是难以执行的。

2.规章制度的制定有利于调动全体员工的积极性

这一点比较难以掌握的,定得过严,大多数人难以做到,就可能产生抵触情绪,最终起不到规范行为的目的;定得过宽,又不利建立良好的生产秩序和工作秩序。所以制定的宽严程度应根据各专业人员的"思想素质"和可接受程度而定。

3.制定规章制度时,要发展民主

制定规章制度要经员工讨论,由大家制定。只有大家共同讨论的制度,才是最有权威的制度,在讨论制定制度的过程中,大家也理解了制定制度的必要性,从而产生一种自觉遵守制度的责任感。相反,单靠领导人制定制度,执行起来常常有困难。因为在这种情况下,职工处于被动地位,往往是认为是领导有意卡他们。这种规章制度,没有严格的监督难以执行,有了监督也不一定能执行好。

(三)规章制度的执行

要把执行的规章制度变成员工的自觉行为,这不是一件轻而易举的事,它要经过许多中间环节,通过反复不断的细致工作才能实现。为此,要做好以下工作:

1.领导首先要以身作则,模范带头

执行制度要一视同仁,不论是干部还是工人,违反制度的要一样对待。

2.要"三令五申",反复教育

规章制度要变成广大员工的行动,首先要使员工懂得规章制度的重要性和必要性,以主人翁的责任感自觉去执行。要经常进行规章制度的教育,进行必要的考核,以达到人人了解规章制度的内容,从而在行动中加以遵循。

3.检查监督要持之以恒

规章制度在执行过程中,要有人去检查、监督,否则就会失去规章制度的权威性和严肃性。要把规章制度执行情况作为年终评优评先的一项内容之一。

4.要为员工执行规章制度提供必要的物质条件

在执行规章制度时,企业要为员工提供必要的物质条件,如执行技术规程时,要有一定的设备与工具;执行奖励制度要准备奖品或奖金等。

五、信息工作

(一)信息与经济信息的含义

信息是反映客观事物的特征及其变化的各种数据、资料、情报、信号的总称。

经济信息是经济现象和经济过程的特征及其变化的反映。经济信息因人类社会经济活动而形成,而经济活动必须以一定的经济信息为依据。人们正是借助于经济信息来认识经济现象、研究经济问题、发现经济规律、管理经济工作、推动经济发展的。正因为这样,经济活动及其管理离不开经济信息工作。

(二)信息的作用

信息作为一种资源,在现代企业生产经营活动中的具体作用表现在以下方面。

1. 信息是企业决策的依据

企业决策是否正确,首先取决于决策者所掌握的信息是否正确、可靠和全面,因而信息是企业决策的重要依据。

2. 信息是企业实施生产控制的工具

在企业的生产过程中有两种东西在流动。一种是实物流,如材料制成成品的流动;另一种是信息流,如计划任务、进度安排、完成情况等。信息流对实物流起控制作用。控制的方法有两种:一是信息流的指挥作用,在生产过程中,实物流按照信息所规定的路线、任务、时间以及各项标准的要求而流动;二是信息流的反馈作用,即将企业的计划目标与实际情况进行对比,如发生偏差,信息就可以通知人或某种装置及时调整和纠正。

3. 信息是企业协调各个方面活动的手段

企业是一个系统,它又分为若干子系统,每个子系统中又设有一定的部门和岗位,这些系统、部门之间彼此联系,信息在系统中起指挥、控制、协调的作用。

总之,信息在企业管理中越来越显出它的重要性,成为企业管理不可缺少的要素,信息和企业中的人力、机器、原材料、资金一样是十分宝贵的资源。

(三)企业内部信息工作

企业内部信息工作,是指对来自于企业自身生产经营各环节的信息收集和处理的有关工作。主要有原始记录、台账和统计工作。

1. 原始记录

原始记录是对生产企业经营活动所做的最初的直接记录。即通常所说的"第一手材料"。原始记录是统计工作的基础,是经济核算的条件,是经济责任制的依据,是有效管理的手段。可以说,没科学的原始记录,就不可能有科学的经营管理。原始记录的内容按性质划分有以下八方面:

(1)产品产量原始记录;

(2)产品质量原始记录;

(3)工艺技术原始记录;

(4)设备工具原始记录;

(5)劳动工资原始记录;

(6)原材料和能源原始记录;

(7)财务会计原始记录;

(8)市场销售原始记录。

2. 台账

台账是按时间顺序(如天、次)对原始记录的初步整理,是介于原始记录和统计报表之间的过滤性、汇总性账册。由于台账是根据原始信息加以分类整理而成的,所以一般又称为统计台账。

3.统计工作

统计工作是在原始记录和台账的基础上,根据上级主管部门的规定和企业管理的需要,运用统计原理和方法,对企业在生产经营中的人力、物力、财力消耗和经营成果进行分类汇总和综合分析的工作。

做好统计工作,才能全面反映企业生产经营全过程的情况,为企业的决策和各项专业管理提供依据、提示存在的问题、找到改善途径,并监督和保证各项任务的完成。

(四)企业外部信息工作

企业外部信息工作是指对企业系统外部经济信息的收集、传递、加工、存储等工作。

1.企业外部信息的内容

企业外部信息包括一般社会经济状况,党和国家的经济政策和法规,与企业经营密切相关的市场供求、价格、竞争状况,供应商和顾客情况,科学技术发展情况等。

2.企业外部信息的来源

(1)有关文献。包括来自各类报纸、期刊、书籍、报告的各种统计数据和情报资料。

(2)政府部门。来自国家各级政府部门的信息,有国家的方针政策、法规法令、国家和地区的长期和近期计划、各个经济部门提供的经济情况等。

(3)信息专业机构。如各种专业情报机构、咨询预测机构等。随着信息工作的专业化、社会化发展,必然将日益成为企业外部经济信息的重要来源。

(4)企业组织的社会调查。企业为了获取重要的情报资料,通常要组织力量进行市场调查、用户调查或者利用各种场合,如参观访问、参加会议、面谈信访等直接从经济信息源得到信息。这一途径取得的信息往往更为及时、准确、适用性强,但要花费较多的人力、财力和时间。

对于企业来说,内部信息来源固定又较易获取,外部信息的随机性大又控制困难,需要花更大精力去收集。为了做好信息工作,有条件的企业应建立必要的专业机构,充分发挥有关经营管理人员和业务人员的作用。

(五)信息处理工作的要求

信息处理大体要经历原始数据的搜集、加工、传递、存储、检索和输出六个环节。随着管理现代化的进展,企业对信息处理的要求也越来越高。这种要求表现在以下三个方面。

(1)信息处理标准化。信息处理标准化是提高信息处理工作水平和建立电子计算机管理信息系统的前提条件。其基本要求是:信息收集制度化、信息载体规范化、信息内容系统化、信息分类代码化等。

(2)信息处理高效化。信息处理高效化的主要标准是信息的及时性、准确性和连续性。

(3)信息处理现代化。信息处理工作现代化是管理现代化的重要标志,其基本要求是:信息处理的方法要科学、渠道要多样、手段要先进。

六、基础教育

(一)基础教育的概念

基础教育是指为了提高企业每个成员素质进行的思想和技术业务教育。这与当前世界上悄然掀起的终身教育是一致的。

（二）基础教育的内容

基础教育的内容一般可分为三个方面：

（1）通过适当的途径，向员工进行思想教育与职业道德教育，以提高员工的思想道德水平。

（2）对员工进行本岗位的技术业务教育，包括"应知应会"的教育和基本功训练。

（3）传授管理知识和方法，以提高员工队伍的管理素质。

（三）基础教育的要求

企业基础教育一定要从企业和员工的实际出发，为生产经营服务，贯彻干什么学什么、缺什么补什么的原则，以培养企业需要的各类人才。为此，应遵循以下要求：

1. 企业基础教育要做到"四落实"和"三结合"

在管理上应把基础教育作为企业经营管理的一项重要内容，做到"四落实"和"三结合"。"四落实"是：思想落实、组织落实、措施落实、经济落实。企业领导人应充分认识基础教育对于企业兴衰成败的战略意义，高度重视这一工作，改变重体力、轻智力，重物质投入、轻教育投资的偏向，这是企业搞好基础教育的先决条件。企业应有专人抓这一工作，把基础教育列入企业经营计划，建立相应的规章制度，如教育管理制度、考核制度等，把员工的学习成绩与经济责任、岗位责任联系起来，作为提职、提薪和实行奖惩的依据之一，以确保基础教育收到实效。要有相应的基础教育经费预算，配备一定的教学人员和创造一定的物质条件，提高教育质量。"三结合"是：理论与实践相结合、普及与提高相结合、当前需要与长远需要相结合。基础教育作为企业一项经常性工作，是为企业发展奠定基础的前期性工作，因此必须既重视当前需要和普及，又要具有战略眼光，兼顾到企业的长期发展需要，抓好重点提高和系统的理论教育，为企业不断发展提供必要的人才储备。

2. 企业基础教育要保证学以致用

在内容上要根据企业各类人员的不同工作特点而有所侧重，以保证学以致用。一般地说，企业人员的文化程度、技术水平、工种和职务有很大差异，对于文化水平达不到基本要求的员工首先要抓好文化补课；对普通生产员工，则主要根据各工种技术等级有所规定的"应知应会"要求来安排教育内容，以提高其实际操作能力；对工程技术人员，要根据其所从事的专业和相应技术职务要求，确保其进修提高的学习内容；对企业主要领导干部，则应以学习企业管理知识、经济法规和政策及其他与管理相应的学科为重点，以提高其决策和综合管理水平；对职能管理人员，要以学习与本岗位工作有关的管理和业务知识为主。

3. 企业基础教育形式要灵活多样

企业基础教育在形式上要根据教育对象内容的特点，采用灵活多样的方式，处理好工学矛盾，可选择的具体形式一般有三种：

（1）现场训练和技术练兵。这是在员工广泛开展基本功训练和推广先进操作技能的基本形式。

（2）业余教育。这是充分利用员工业余时间进行培训与学习的形式。

（3）脱产、半脱产培训。即抽出一部分或一段时间集中学习，如参加各种类型的学习班，委托大专院校代培等。这种形式适用于企业的专业人才或管理人员的进修。

一 对 冤 家

俗话说："不是冤家不聚头"，老甄与老郑两位便是这样的。

甄、郑两位分别是两个企业的厂长，一见面就争论，一争论就没有完，互不服气，互不相让，但时间长了两个人还总想要凑到一块儿争论一番，好像不争论就缺少了什么似的。这不，他俩又争论起来了。

这天，甄、郑两位厂长凑到一起，谈起过去一年各自厂子的一些情况。

老甄很得意地炫耀说："我们厂去年获得纯利 100 万元，比前年增加了 10％，如果不是原材料的提价还会多。照去年的势头，今年又引进了一条流水线，产量可增一倍，今年的利润定会翻番。哎，你们厂怎么样？"

听到老甄的问话，老郑放下手中的茶杯，并没有顺着老甄的问题回答，却反问道："老甄啊，你说利润提高和翻番，这意味着什么？"

"当然是意味着我们企业工作做得好了。"老甄理直气壮地回答道。

老郑对老甄工厂取得成绩表示祝贺后说："利润上去了当然是好的。但利润高不见得工厂工作真做得好。利润是受许多因素影响的，比如价格，目前，有些企业利润状况不是因为经营得好得到的，却是因原材料价格低而得到的。如果我国加入 WTO，价格体系一旦调整，很可能工厂就会变赢利为亏本了。当然你们的工厂，据我所知确实还是做得比较好的，比如很注意技术进步，但据我所知你们厂是不重视企业管理基础工作的。"

老甄听了这话后接着说："我倒不担心这个，'天塌众人死'。价格调整又不是只对我一家，全国都是这样做的，到时我们利润少了，别的厂的利润也会少呀。"

"所以利润并不能作为衡量企业经营状况的唯一标准。"老郑说。

"我同意你的意见，那我要听听什么是搞好企业工作的标准呢？"老甄的话不无讥讽之意。

"依我看，企业应该追求的是企业经营管理合理化。只有具备稳固的管理基础，譬如说搞好企业管理基础工作，才能产生良好的绩效，使企业的经营趋于稳健，不致因客观条件的变动而动摇根本。一味追求利润，如此舍本逐末，本者不固，利从何生呢？因此我们厂不着眼于'该赚多少'或'赚钱多少'，而只重管理绩效。"老郑似乎没有在乎什么，继续侃侃而谈。

老甄说："老兄，什么叫管理绩效？"

老郑并没有正面回答老甄的话，继续说："正因为如此，在目前的经济环境下，我们反而担心赚钱的副作用，因为我们赚的钱，有些并不是我们真正努力得到的。这样的钱赚了，反而会使我们员工产生骄傲心理，我认为，不景气倒能使工厂上下一心，不敢有丝毫怠惰。"

老甄显然不同意老郑的观点："你这是为你们厂亏损打掩护嘛！按你的说法还是亏本好。一味追求利润固然不好，但是也不能说不要利润啊，不然企业吃什么？国家要你企业干什么？企业又怎样去生存、去发展？再说经营管理合理化也不是一个空泛的词，管理绩效也不是一句时髦用语，它也要通过赢利来反映啊！我们说今年是质量管理效益年，这里就会有赢利要求，现在企业实行承包制，承包什么，利润难道不是其中一个内容吗？你们厂的企业管理基础搞得好，又是验收，又是升级……"

老郑说："老兄你又误解我的话了，我是说要强调搞好企业经营管理合理化，要强调搞好企业管理的基础工作……"

老甄不等老郑讲完话就说："什么是经营管理合理化？什么是搞好企业管理基础工作？什么是搞好企业工作？搞好企业要做很多工作，国家要做工作，企业自身也要做很多工作。搞好企业正是要体现在资产增值力上的。"

老郑争论说："搞好企业工作难道仅仅只表现在资产增值上？"

"企业基础管理工作又花钱又费事的，净瞎耽误工夫！"老甄争辩说。

就这样，老甄、老郑两位厂长热烈地争论着。

［复习思考题］

1. 走访一个企业，然后结合实际谈谈加强企业管理基础工作的意义。

2. 企业管理基础工作包括哪些内容？

3. 假如你是某企业的普通员工，请谈谈你将如何贯彻执行企业的各项规章制度。

职校生成长故事(三)

　　洪波同学的建议引起了厂部与车间领导的重视。厂部领导经商量后决定先修改机加工车间的劳动定额,并决定由洪波先拟写出一份具体的修改方案。为此,洪波搜集了以往员工在各工序上生产时的实耗工时的原始记录,并对这些原始记录进行认真分析和整理,根据自学知识通过计算确定了各工序劳动定额的修改方案。

　　方案出台后,洪波担心一旦实行,由于劳动定额水平的提高,员工的劳动技能水平仍是原来的样子,这样势必要影响员工的经济收入。洪波想,修改劳动定额只是一个措施,目的是要通过劳动定额的修改来促使员工提高劳动技能水平,最终达到提高劳动生产效率。要提高员工的劳动技能水平,就要通过培训或开展劳动竞赛等途径来实现。于是洪波带着劳动定额修改方案与这些想法走进了分管生产的副总办公室。

第三章　企业劳动管理

做好企业劳动管理,对于有效地利用劳动时间和机器设备、不断提高劳动生产率,有着十分重要的意义。

第一节　劳动组织

企业劳动组织工作的任务,在于正确处理生产过程中劳动者之间及劳动者与劳动工具、劳动对象之间的关系;根据生产发展的需要,调整和改善劳动组织形式;在合理分工与协作的基础上,正确配备劳动力,以充分利用劳动时间,不断提高劳动生产率。

企业劳动组织工作的内容包括劳动分工、作业组的组织、工作轮班的组织、工作地的组织与编制定员等。

一、劳动分工

企业劳动分工是根据企业一定的生产技术条件,将整个生产工作内容划分成许多组成部分,以便由不同工种员工分别完成的一项工作。劳动分工的目的是合理配备员工。劳动分工可以使人尽其才,各施所长,充分利用工时,保证劳动生产率的提高。

劳动分工的主要形式有:

(1)按工种分工,如机械加工可分为车工、铣工、磨工等;

(2)按基本工作和辅助工作分工;

(3)按技术等级的高低分工,如高级工、中级工、初级工。

二、作业组的组织

作业组是在劳动分工的基础上,把生产过程中相互联系的工人组织在一起的劳动集体,是工业企业劳动组织的最基本形式。体现了劳动分工在空间上的协作关系。

作业组同生产班组基本上是一致的,但在某些情况下,一个生产班组内可能有几个作业组,这时作业组的规模就要比生产班组小。在下列情况下需要组织作业组。

(1)生产工作不能分给个人单独进行,而需要由几个工人共同完成时。如装配作业组、设备修理组等。

(2)为了看管大型复杂的联动机。如锻压组、炉前组等。

(3)工人的劳动成果间有密切的联系,需要加强劳动协作和配合时。如流水线上的作业组等。

(4)工人没有固定工作地点或工作任务,为便于调配工人的工作时。如电焊作业组、厂内运输作业组等。

（5）为了使生产和准备工作紧密配合时,如把修理工、运输工同生产操作工编为一个综合作业组等。

不论哪一种作业组,都必须注意合理配备作业组的成员,建立明确的岗位责任制,正确地选拔作业组的组长。

三、工作轮班的组织

工作轮班是把员工之间的协作关系,从时间上有效地组织起来,体现了劳动分工在时间上的协作关系。正确地组织工作轮班,对于合理地使用劳动力、充分利用生产设备、提高劳动生产率,都有着重要作用。工作轮班的基本形式有两种。

（一）单班制

每天只安排一个班次进行生产活动。单班制工人通常上日班,工作和休息时间固定,组织和管理方便,可以利用班前班后时间进行设备的维修,但厂房和设备不能充分利用。

（二）多班制

1. 两班制

每天分早、中两个班组织生产,每班工作 8 小时。

2. 三班制

每天分早、中、夜三班组织生产,每班工作 8 小时。具体又有三种形式：

（1）间断性三班制。每个工作日分三班组织生产,公休时停止生产,休息后轮换班次。为了照顾工作休息,一般采用反倒班。

（2）连续性三班制。全年除检修设备等时间外,无公休日,连续组织三班生产。工人采用两种轮休制。一是在三个固定的轮班里每班均按 6 比 1 配备替休人员,称为三班轮休制;二是在三个轮班内,另配半个班进行替换,称为三班半轮休制。

（3）四班三运转。企业在连续生产的情况下,开设四班,实行三班轮流生产,每班 8 小时,一班休息,逐班轮休。这是以 8 天为一个循环期,工人在循环期内轮休 2 天的轮班工作制度,一般采用顺倒班。

实行多班工作轮班制度,各项人员的配备在数量与质量上要保持相对平衡与稳定,要合理安排员工的倒班和轮休,加强对中、夜班的管理。

四、工作地的组织

1. 工作地和工作地的组织

工作地是工人利用劳动工具,对劳动对象进行加工的场所。工作地的组织工作,就是要在一个工作地上,把这三者科学地组织起来,正确处理它们之间的相互关系,使人、机、物之间有合理的布局与安排,以促进劳动生产率的提高。

2. 合理组织工作地的意义

合理地组织工作地,可以减轻工人劳动强度,节省劳动时间,充分利用设备,节约用地面积,使工人在最方便、最安全、最卫生的条件下,以最高的效率来从事生产活动。

3. 工作地组织的内容

（1）合理装备和布置工作地。按照放取方便、节省面积的要求,科学地确定设备、原材料、半成品的摆放位置和劳动者的工作位置,以减轻劳动强度,提高劳动效率。

(2)保护良好的工作秩序和环境。按照生产和劳动保护要求,工作场地必须保持整齐、清洁,具备良好的工作秩序和气氛,以保证员工的劳动安全与健康。

(3)组织好供应服务工作。原材料要限额送到工作地,图纸等技术文件、半成品要按质、按量及时供应;设备检修、计量测试等服务工作应根据生产需要及时做好,以保证生产活动正常进行。

五、多机床管理的组织

1.多机床管理的基本原理

多机床管理,是指一个员工或一组员工同时看管几台设备的一种先进作业组织形式。组织多机床管理的根本目的是充分利用工作时间,节约人力,提高生产率。

组织多机床管理的基本原理是:员工利用这台机床的机动时间(即自动走刀时间),去完成其他各台机床的手动或机手并动操作。因此,员工看管的任何一台机器的机动时间,必须大于或等于员工看管其他机器的手动、机手并动、员工来往机器间的走路时间之和。机器设备的机动时间越长,员工操作的手动时间越短,员工看管的设备数就越多;反之,则越少。

2.多机床管理的组织形式

由于各种机器设备的机动和手动时间的组成不同,因而多机床管理的组织形式也不相同。一般来说,可归纳为以下四种:

(1)员工看管同一种机床,加工同一种零件,每台机床加工零件所需的机动时间和手动时间相等,如图 3-1 所示。

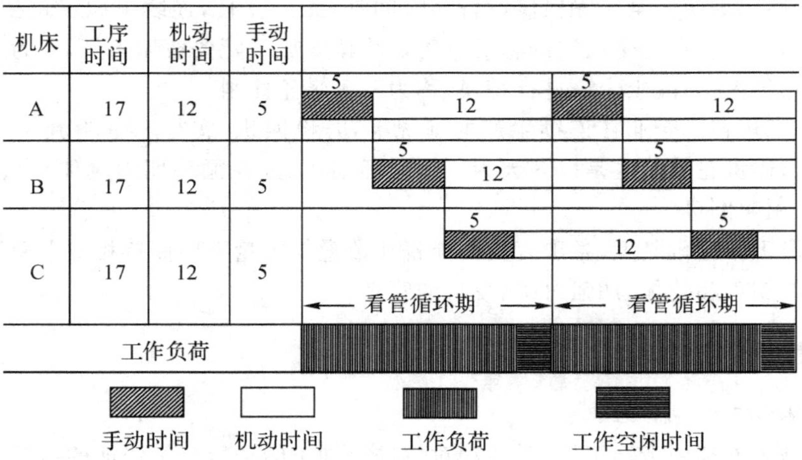

图 3-1

在这种情况下,一个员工看管机床台数,可按下列公式计算:

$$看管机床台数 \leq \frac{机床的机动时间}{工人手动时间} + 1$$

(2)员工看管的是同一种机床,加工不是同一种零件,每台机床加工零件所需工序时间相等,但机动时间不相等,如图 3-2 所示。

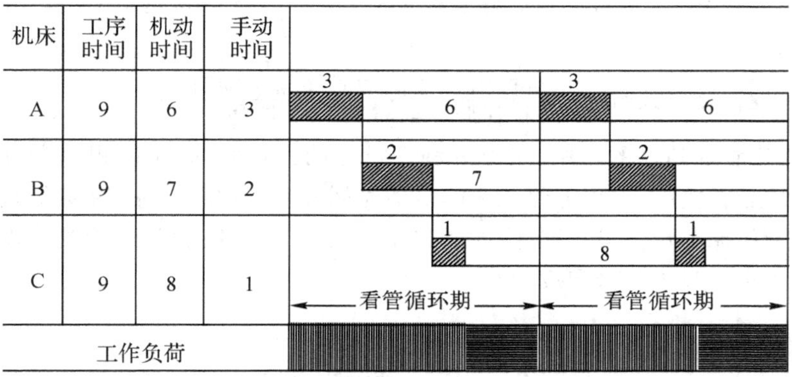

机床	工序时间	机动时间	手动时间	
A	9	6	3	3 ▨ 6 ‖ 3 ▨ 6
B	9	7	2	2 ▨ 7 ‖ 2 ▨
C	9	8	1	1 ▨ 8 ‖ 1 ▨
工作负荷				←看管循环期→ ←看管循环期→

图 3-2

从图 3-2 可以看出员工负荷不充分。员工在看管循环期内操作的负荷程度,可用下列公式表示：

$$员工负荷系数 = \frac{员工在各台机床上手动时间总和}{看管循环期时间}$$

(3)员工看管不同机床,加工不同种零件,而零件的工序时间成倍数关系,如图 3-3 所示。

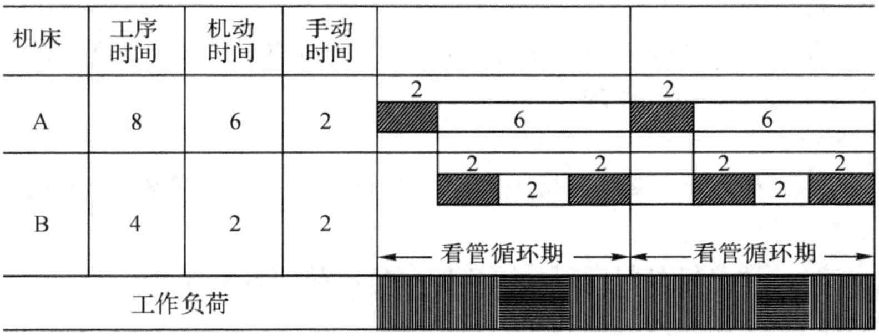

机床	工序时间	机动时间	手动时间	
A	8	6	2	2 ▨ 6 ‖ 2 ▨ 6
B	4	2	2	2 ▨ 2 ▨ 2 ‖ 2 ▨ 2 ▨
工作负荷				←看管循环期→ ←看管循环期→

图 3-3

(4)员工看管不同机床,加工不同种零件,而零件的工序时间不成倍数关系,如图 3-4 所示。

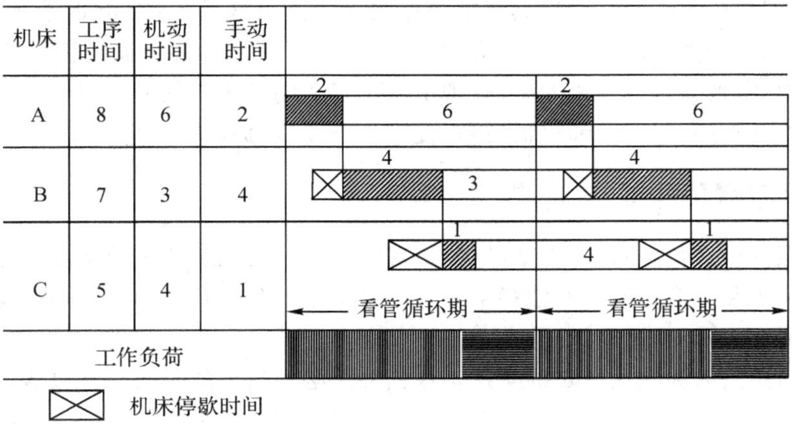

机床	工序时间	机动时间	手动时间	
A	8	6	2	2 ▨ 6 ‖ 2 ▨ 6
B	7	3	4	4 ⊠ ▨ 3 ‖ 4 ⊠ ▨
C	5	4	1	⊠ ▨ 1 ‖ 4 ⊠ ▨ 1
工作负荷				←看管循环期→ ←看管循环期→

⊠ 机床停歇时间

图 3-4

从图 3-4 可以看出,机器设备有停歇时间,说明机器设备利用不充分。设备负荷系数可用下列公式计算:

$$设备负荷系数 = \frac{各台机器设备机动时间与手动时间总和}{看管循环期时间 \times 机器设备台数}$$

组织多机床管理的目的,是为了充分利用员工的作业时间,不断提高劳动生产率。因此,企业应采取各种措施,尽可能使机床的机动时间和手动时间集中,并缩短机床的手动时间,以扩大看管机床数量。只有这样,才能在充分利用设备的前提下,使员工看管更多的机床,同时要避免员工过于紧张和疲劳。

第二节　劳动定额

制定、修改、执行劳动定额是社会化大生产的客观要求,是企业管理的一项极为重要的基础工作。

一、劳动定额的概述

1. 劳动定额的概念

劳动定额是在一定生产技术组织条件下,为生产一定量的产品(零件、部件)或完成一定量的工作所预先规定的劳动消耗量标准。

2. 劳动定额的基本表现形式

(1)工时定额,也称时间定额,是指生产单位合格产品(零件、部件)或完成产品的某一道工序所需消耗的工时数量标准;

(2)产量定额,是指单位时间内应当完成的合格产品的数量标准。

工时定额和产量定额互为倒数关系。

3. 劳动定额的作用

劳动定额是企业管理的一项重要的基础工作。正确制定和贯彻劳动定额,对加强企业管理、组织和推动企业生产和发展具有重要作用。具体可概括为:①企业计划工作的基础;②推广先进经验,开展劳动竞赛,提高劳动生产率的重要手段;③企业经济核算和实行经济责任制的基础;④贯彻按劳分配原则,合理组织工资奖励工作的依据。归根到底在于调动劳动者的积极性,充分利用工时和机器设备,促进生产发展,提高劳动生产率。

二、时间定额的构成

时间定额的构成,是指在一件产品(零件、部件)或一道工序的时间定额中应该包括哪些工时消耗。员工在生产中的工时消耗可分为两个基本部分,即定额时间和非定额时间。

(一)定额时间

定额时间是工人为完成规定的生产工作任务所必须消耗的时间。它包括:作业时间、布置工作地时间,休息与自然需要的时间,准备与结束时间。

1. 作业时间

指直接用于完成生产任务、实现工艺过程所消耗的时间。

2．布置工作地时间

指工人用于照管工作地,使工作地保持在正常工作状态所需的时间。

3．休息与自然(生理)需要时间

指工人在工作时间内由于劳动繁重、紧张而又无间隙的情况下必需的休息时间,以及生理需要的时间。

4．准备与结束时间

指工人为了生产一批产品事先进行准备和事后进行结束工作所消耗的时间。其特点是每加工一批产品只消耗一次,它的时间长短与该批产品的批量大小基本无关。

(二)非定额时间

非定额时间是指那些并不是为了完成规定的生产工作任务所必须消耗的时间。包括工人在轮班中做了自身生产任务以外的工作所消耗的非生产工作时间,以及工人不从事生产而造成的停工损失时间。

由于非定额时间是由各种原因引起的工时损失,在制定劳动定额时,这部分工时消耗不应计入。

不同生产类型的企业在计算时间定额时,准备与结束时间应有所不同。在大量大批生产条件下,由于工作地经常固定地加工同种产品,分摊到单位产品上去的准备与结束时间很小,可以略去不计;在成批生产条件下,准备与结束时间应按一批产品的数量分摊到每一件产品的时间定额中去;在单件生产条件下,准备与结束时间应全部计入时间定额之中。

三、制定劳动定额的要求

1．制定劳动定额的要求

制定劳动定额的要求,可归纳为三个字:快、准、全。

快:是时间上的要求,花费时间要少,制定要及时。

准:是质量上的要求,定额的准确性要高。

全:是范围上的要求,凡是能够制定定额的工作都应有定额。

这三方面的要求,最核心的要求是准。定额水平要准确,才能起到应有的作用。

2．劳动定额水平要先进

劳动定额的水平,反映着对员工劳动量的要求。它是企业在一定时期内、在一定生产技术组织条件下,管理水平、生产技术水平、劳动生产率水平、工人操作水平的综合反映。

定额水平应该是先进合理的,也就是在正常生产条件下,经过一定时期的努力,大多数工人可以达到,部分工人可以超过,少数工人可以接近的水平。这样的水平,一般叫做平均先进水平。它既不是少数人达到的先进水平,也不是多数人已经达到的水平,而是介于先进水平和总平均水平之间的水平。

四、制定劳动定额的方法

1．经验估工法

经验估工法是由有实践经验的员工、劳动定额员、技术人员相结合,总结实践经验,结合分析设计图纸、工艺规程和产品实物,以及考虑所用的设备、工具及其他生产条件,直接估计定额的方法。这种方法的优点是手续简便、工作量小、易于掌握,便于定额的及时制定和修订。缺点是比较粗糙,容易受工作人员水平和经验的限制,容易出现定额偏高偏低的现象。这种方法一般适用于单件、小批生产、新产品试制、一次性或临时性的生产任务。

为了提高经验估计的准确性,可以应用"三点估计法",即由三个人背靠背分别制定定额,得出三个不同指标,一个先进指标 a,一个中间指标 m,一个保守指标 b。然后再求出这三个指标的加权平均值,以这个平均值作为定额。

$$平均定额值 = \frac{a+4m+b}{6}$$

2.统计分析法

统计分析法是根据过去同类产品或类似零件、工序的实际耗用工时统计资料,经过认真分析和整理,并考虑到今后企业的技术组织条件的变化来确定定额的方法。其具体步骤是:

第一步:根据统计资料先计算出实耗工时平均数。

$$实耗工时平均数 = \frac{实际工时总数}{加工零件总数}$$

第二步:计算平均先进数

常用的计算方法有两种:

$$(1)平均先进数 = \frac{实耗工时平均数 + 最先进的实耗工时}{2}$$

$$(2)平均先进数 = \frac{实耗工时平均数 + 2 \times 最先进实耗工时 + 最落后实耗工时}{4}$$

第三步:根据平均数,结合考虑到今后的技术组织条件的变化和劳动生产率可能提高的因素,然后确定新的劳动定额。

统计分析法简便易行,工作量小,因为占有比较多的统计资料为依据,比经验估工法更能反映实际情况。这种方法一般适用于生产条件比较正常、产品比较固定、批量较大的产品的生产,并且要求企业具有健全的原始记录和统计工作制度。

3.类推比较法

类推比较法有两种制定定额的方法:一种是根据已生产过同类型产品的定额来推算确定产品的工时定额。另一种是将产品零件,按几何形状相似、加工部位相同、工艺方法相近的要求进行分类分组,从每组中选出代表件(或工序),用经验估工法或统计分析法为代表件制定定额,并把其他件同代表件比较,制定出非代表件的定额。这种方法的优点是比较容易保持同类产品之间定额水平的平衡。定额的准确程度较经验估计法为高。其缺点是:分类分组工作量大;在选择代表零件时,若有不当则会影响定额的准确性;在缺乏可比性情况下就不能采取这种方法。这种方法一般适用于品种多、规格杂的单件小批生产的企业。

4.技术测定法

技术测定法是在分析技术组织条件,总结先进经验,挖掘生产潜力,设计出合理的工序结构及程序,拟定合理的操作方法的基础上,通过实地观察和测定或通过技术计算来制定定额的方法。由于确定时间所用的方法不同,技术测定法又可分为分析研究法和分析计算法。

采用分析研究法制定定额时,作业时间用测时的方法来确定,布置工作地时间、休息和生理需要时间、准备和结束时间用工作日写实的方法来确定。

采用分析计算法制定定额时,主要是根据定额手册中所提供的定额标准来进行计算的。定额标准主要是通过测时、写实或其他调查统计方法积累资料而制定的。

技术测定是制定定额的一种科学方法,确定的定额有比较充分的技术依据,定额准确性较高,比较先进合理。其缺点是,工作量比较大,手续比较复杂,这种方法主要适用于技术组织条件正常、品种少、批量较大的产品,以及流水生产线等。

五、劳动定额的贯彻和修改

定额的制定仅仅是定额工作的开始,更重要的是保证定额的贯彻执行。贯彻执行劳动定额,应着重抓好以下几项工作:

(1)制定并实施各种技术组织措施,为工人完成定额提供各种必要条件。

(2)开展劳动竞赛,推广先进经验,提高工人的技术操作水平。

(3)把定额的贯彻同工资奖励制度结合起来,从物质利益上鼓励工人完成和超过定额。

(4)加强劳动定额完成情况的统计、检查和考核。

为了使劳动定额保持先进合理的水平,定额经过一段时间使用后,就必须及时修订。但劳动定额又具有相对的稳定性,不宜经常变动,频繁修改。因此,定额的修改应定期进行,一般以一年修改一次为宜。在特殊情况下,亦可进行不定期的临时性修订,如当设计图纸、工艺规程、设备、工艺装备以及生产组织和劳动组织发生较大变化时,对定额进行局部修改或重新制定。

第三节 编制定员

企业编制定员必须以实现企业生产经营目标为中心,以精简、高效、节约为目标,精打细算,在保证生产和工作需要的前提下,科学合理地使用人力,不断提高劳动生产率和企业经济效益。

一、编制定员的概述

1.编制定员

编制定员是指企业的机构设置和根据已定的产品方案和生产规模,规定企业进行正常生产活动所需各类人员的数量标准。

2.做好编制定员工作的意义

搞好编制定员工作,可以为合理地设置机构和配备各类人员提供依据,有利于企业不断改善劳动组织,挖掘劳动潜力,从而不断提高生产和工作效率。

编制定员工作的核心是定员水平问题。某一岗位必须配备多少人员,这是一个定员数量的水平问题;某一岗位必须配备什么样的人员,这是一个定员质量的水平问题。两者应是统一的,互相制约,不可偏废。

3.编制定员要先进

先进合理的定员水平是指定员的数量必须是先进的,不能人浮于事,做到工作量饱满;定员的质量必须是合理的,要做到使用对路,人尽其才,有利于全体员工的文化技术管理水平、劳动技能和工作热情的有效发挥,做到合理使用人力。对那些能力不符合工作要求的员工决不能搞什么"搭配",特别不应分配到关键岗位上去。对于因为开展了定员工作后而多余的人员,一定要广开门路,妥善安排,决不能"窝"在企业里。

二、编制定员工作的原则

1. 执行上级有关编制定员工作的规定和政策

企业在确定编制定员时,既要执行上级的规定与政策,又要结合本企业实际情况,组织机构要精简,人员配备要相对地少,能以较高的生产效率和工作效率来完成既定的生产和工作任务。

2. 各类人员的比例关系要适当

直接生产人员和非生产人员的比例,以及基本生产工人和辅助生产工人的比例要适当,使他们能相互协调,保证生产经管活动的顺利进行。

3. 管理制度要健全

编制定员一经确定,必须坚持执行。企业及其所属部门,都不得擅自增设机构和人员;对现有劳动力要合理安排,力求做到人尽其才,材尽其用。

三、编制定员的方法

1. 按劳动效率定员

按劳动效率定员就是根据生产任务和工人劳动效率来计算定员人数。计算公式如下:

$$定员人数 = \frac{每一轮班应当完成的工作量}{工人的劳动效率 \times 出勤率} \times 每日轮班数$$

凡是能规定劳动定额的人员,都可采用这种方法。

2. 按设备定员

按设备定员就是根据设备数量、工人的看管定额和设备开动班次来确定人员数。计算公式如下:

$$定员人数 = \frac{为完成生产任务所需的设备台数 \times 每台设备开动班次}{工人看管定额 \times 出勤率}$$

这种方法主要适用于以机械操作为主的工种。

3. 按岗位定员

按岗位定员就是根据工作岗位数确定工人数。主要适用于看管大型设备和联动机器的工种,企业的警卫人员等也可采用这种方法。

4. 按比例定员

按比例定员就是按照与员工总数或某类人员总数的比例来规定某种人员的数量。这种方法主要适用于服务人员的定员数;某些生产人员也可按这种方法来确定。

5. 按组织机构、职责范围和业务分工定员

这种方法主要适用于确定企业管理人员的定员数。

四、员工需要量计划

定员是企业编制员工需要量计划的重要依据,而员工需要量计划又要根据企业计划年度的生产任务和组织条件的变化,及时对定员进行调整和修改。

员工需要量计划的主要内容,就是在保证劳动生产率不断提高的前提下,根据企业生产任务、定员标准和劳动定额,确定计划年度对各类人员的需要量。

员工需要量计划的主要指标有期末人数和平均人数。期末人数是指计划期最后一天企业的在册人数,它可以表明员工人数的增减变化;平均人数是企业计划年度平均拥有的员工人数,它反映企业完成生产计划需经常保持的员工人数,是计算生产率和平均工资的依据。现以员工需要量为例,其计算公式如下:

$$员工需要量 = \frac{完成生产任务所需总工时}{平均每个员工全年有效工作时间}$$

式中：

$$完成生产任务所需总工时 = \frac{总产量 \times 单位产品工时定额}{计划超额系数} + 补偿废品所消耗的工时$$

$$平均每个员工全年有效工作时间 = \left(\frac{年日历}{天数} - \frac{例假节}{日天数} - \frac{平均每人}{缺勤天数}\right) \times \frac{平均工作}{日长度} \times \frac{工时}{利用率}$$

员工需要量计算出来以后,要与定员标准、企业现有员工人数进行比较,从数量、工种、熟练程度等多方面进行平衡,从而了解人力的余缺。对超过定员标准的富余人员,要广开门路,采取多渠道、多种形式妥善安排和处理。对现有人员少于定员人数的,企业应发动群众,挖掘节约人力潜力,尽可能在增产不增人的条件下保证生产任务的完成。确实需要增人的企业应按照专业技能全面考核,择优录取的办法自行招收。

[复习思考题]

1.企业劳动组织有什么任务?

2.多机床管理是一种先进的作业组织,它的根本目的是什么?

3.制定或修订劳动定额有什么作用?

4.劳动定额水平为什么要保持先进水平?

5.企业做好编制定员工作有什么意义?

职校生成长故事（四）

由于洪波虚心好学、善于观察思考及工作努力，特别是洪波的两次建议，他得到了厂部与车间领导的赏识，被确定为后备干部培养对象。在机加工车间劳动定额修改工作结束后，经车间主任的提议，洪波被聘为机加工车间主任助理，负责劳动竞赛的组织与生产调度工作。

自从洪波担任了车间主任助理后，他每天早上班迟下班，一方面他主动与其他车间联系，积极组织劳动竞赛，力求通过劳动竞赛来提高员工的劳动技能水平；另一方面，他边学边认真做好生产调度工作，上班前他要先检查员工的生产作业的准备情况，下班后他要对每一个工作轮班及工作日的生产作业计划的完成情况进行统计分析，并将检查情况与统计分析结果及时报告给车间主任，以便能及时调配劳动力，控制生产进度。

洪波对工作尽心尽责，因此他得到了领导与员工的一致好评。

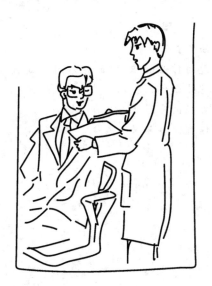

第四章　企业生产管理

　　企业生产是按时、按质、按量地制造产品或提供劳务的活动。它的基本要求是实现物质转换,即充分利用企业内部的一切条件创造出适合市场需求的合格产品或劳务。对企业生产活动的计划、组织、指挥和控制的工作称为生产管理,生产管理既是实现产品开发的基础和搞好销售与服务的前提,又是将经营目标转化为现实的保证。

第一节　生产过程组织

　　生产过程组织是企业生产管理的重要内容,它是研究企业怎样从空间上和时间上合理地组织产品生产,使生产过程能以尽量少的劳动消耗和劳动占用,生产出尽可能多的符合市场需要的产品,从而获得最好的经济效益。

一、生产过程及其要求

(一)生产过程的组成

　　工业产品的生产过程,是指从准备生产这种产品开始,一直到产品生产出来为止的全部过程。它的基本内容是人们的劳动过程,有些工业产品的生产,还要借助于自然力的作用,如铸件的自然时效,油漆干燥,酿酒发酵等,因此,生产过程是劳动过程和自然过程的结合。

　　不同工业企业中,由于产品结构和工艺特点不同,生产过程的形式也不完全一样。从制造工作看,基本上可分为两大类:一类是流程式生产过程,原材料由生产的一端投入生产,顺序经过连续的加工,最后成为成品;另一类是加工装配式生产,即先将原材料加工成零件,再将各种零件、部件总装变成成品。

　　不论是哪一类生产过程,一般由以下几个部分组成。

　　1. 生产技术准备过程

　　生产技术准备过程是指在产品投产前所做的各项技术准备工作,如产品设计、工艺准备、调整劳动组织和设备布置等。

　　2. 基本生产过程

　　基本生产过程是将劳动对象变成基本产品的生产过程。企业的基本产品,是指企业直接提供给社会的产品,如钢铁企业的炼钢、炼铁,纺织企业的纺纱、织布等。

　　3. 辅助生产过程

　　这是保证基本生产过程正常进行所需的各种辅助产品的生产过程及辅助性生产活动,如机器制造企业中的工具、动力的生产、设备维修、备件制造等。

4. 生产服务过程

生产服务过程是为基本生产和辅助生产服务的各种生产活动,如原材料、半成品等物资的供应、运输和仓库管理等。

基本生产过程是企业生产过程中最主要的组成部分,它按照工艺加工的性质,可划分为若干相互联系的工艺阶段。每一个工艺阶段又可进一步划分为许多相互联系的工序。工序是组成生产过程的基本环节。

(二)合理组织生产过程的要求

组织生产过程是要对各工艺阶段和各工序的工作进行合理安排,使产品在生产过程中行程最短,时间最省,耗费最小,效益最高。为达到这个目的,必须努力实现下列基本要求。

1. 连续性

连续性指产品在各个工艺阶段、各工序之间的流动,在时间上紧密衔接,即产品在生产过程中始终处于运动状态,不发生或少发生不必要的停顿和等待时间。提高生产过程的连续性,要求按工艺顺序合理布置各车间和车间内的生产设备,采用先进技术和生产组织形式合理安排工艺和为生产技术准备的服务工作等。

2. 平行性

平行性是指生产过程的各项活动、各工序在时间上实行平行作业。只有将可以平行进行的生产活动组织平行交错作业,才能真正达到连续性的要求。同时,可以大大缩短产品的生产周期。

3. 单向性

这是指产品在生产过程的转移要向一个方向流动,不要有迂回往返运输。这样可以减少运输工作量,节省运输费用。这取决于企业的总体布置。

4. 比例性

生产过程各工艺阶段、各工序之间,在生产能力上以及各工种工人的配备上,应有适合于产品制造要求的比例关系。保持生产过程的比例性,可以充分利用企业的人力和机器设备。

随着产品品种、产量和原材料、工艺方法等的改变,生产过程的比例会不断发生变化。因此,必须适时采取措施及时克服不协调现象,建立新的协调的比例关系,保证生产正常进行。

5. 均衡性

企业及各生产环节的生产进度均匀,负荷充分,不要出现时松时紧或先松后紧的现象。

6. 适应性

适应性是指生产组织形式要对市场需求的多变具有适应能力。例如,在机器制造企业内组织以零件为对象的加工车间,适应性要强些。

二、生产类型

合理组织生产过程的基本要求,对于任何企业都是相同的。但实现这些要求,则必须根据不同企业生产过程的特点,采用相应的方法。工业企业由于生产的产品品种、数量及所用设备、工艺方法等因素不同,而各具特点,其中最重要的特点就是生产类型。

（一）生产类型

生产类型是指按工作地专业化程度所划分的生产类别，它是影响生产过程的主要因素。企业生产类型按工作地生产产品的固定性程度不同，可分为大量生产、成批生产和单件生产三种类型。

1.大量生产

大量生产是经常不断地重复生产同样的产品。它的特点是产品固定，品种少，产量大，生产条件稳定，生产重复性高。在通常情况下，每个工作地都固定加工一道或少数几道工序，工作地专业化水平高，工人的操作熟练程度高，生产过程采用高效率的专用设备、自动化与半自动化设备以及专用工艺装备。

2.成批生产

成批生产是经常成批地、轮换地生产几种产品。它的特点是产品品种少，产品相对稳定，每种产品都有一定产量，工作地成批地、轮番地进行生产，一批相同的产品加工完了，要进行设备和工装调整，然后再加工另一批其他产品。因此，成批生产工作地专业化程度和连续性都比大量生产低。成批生产又可按照生产规模和生产重复性分为大批、中批和小批生产。

3.单件生产

单件生产是指每种产品只做一件或少数几件，做完以后很少再重复生产。它的特点是产品品种多，产品生产数量少，生产重复性低，每种产品不重复或不定期重复，因此，工作地专业化程度低。在单件生产条件下，所用设备和工艺装备具有通用性，对工人技术和操作水平要求高，生产过程的平行性和连续性差。

以上三种生产类型也不是截然分开的，企业、车间、工段，都各有自己的生产类型。但企业的生产类型主要决定于车间的生产类型，车间取决于担负着产品最主要的工艺工序。在生产类型中，大量与大批生产之间，单件与小批生产之间，在经济效果和对生产组织工作的影响方面都是相接近的。所以，一般又称为大量大批、成批和单件小批生产三种类型。

（二）提高生产效率的途径

由于不同的生产类型能取得不同的经济效果，企业应尽可能从各个方面去扩大产品生产批量，提高工作地的专业化程度，在一定条件下，企业可以从以下几方面来提高生产效率。

（1）在全面规划、全面安排的原则下，积极发展专业化生产，以增加批量，提高工作地专业化程度。

（2）加强产品的系列化、标准化和通用化工作，扩大通用件、标准件的使用范围，以便提高工作地专业化程度。

（3）组织同类产品和零件，并把它们集中起来，采用成组工艺以扩大批量生产。

（4）加强计划工作、合理搭配产品，尽量减少同期产品的品种数目，以提高工作地的专业化程度。

三、生产过程的空间组织

工业企业的生产过程是在一定的空间内，通过许多相互联系的生产单位来实现的。生产过程的空间组织是指在一定的空间内，合理地配置企业中的各生产单位（车间、科室、仓库等）和其他设施（各运输线、管道、绿化场地等），并在车间内合理布置机器设备，使之形成一个相互联系、相互协调的生产系统,使生产活动能顺利有效地进行。

(一)企业总平面布置

企业总平面布置是根据已选定的厂址和地形,对组成工厂的各个部分,包括基本生产车间、辅助生产车间、仓库、公用设施、服务部门、绿化设施等进行合理布置,确定其平面的位置,并相应地确定物料流程、运输方式和运输路线。应当保证从原材料进厂直到成品出厂这一过程中,能以最短的流程、最少的工序、最短的周期、最低的成本出产产品,以取得最好的经济效益,使企业各个组成部分在有限的空间内各得其所,协调一致。因此,工厂总平面布置必须从系统的观点出发,统筹兼顾,全面规划,合理部署,追求整体的最优效果。

(1)各基本生产车间应按工艺过程顺序布置,使原材料、半成品的运输路线尽可能短,避免迂回和往返运输。

(2)各辅助车间、服务部门(如仓库、动力部门等),尽量设置在它所服务的主要对象附近。

(3)机器设备应根据其性能和工艺要求安置排列,并保持适当距离,避免阻塞交通运输。

(4)车间的相互排放和彼此之间的间隔,要符合通风、照明、安全、卫生、防火、绿化等条件,"三废"处理要达到有关规定的要求。

(5)应考虑到今后工厂扩建和改建的可能性。

(二)基本生产车间的组织形式

当各车间的相互位置确定后,车间内的各个组成部分中,基本生产部分是主要的,它占用的车间面积也最多,车间布置的重点应放在这一部分的设备布置上。设备布置是否合理,将影响产品的生产周期和生产成本,影响劳动生产率的提高。一般有以下两种基本组织形式。

1.工艺专业化

工艺专业化就是按照不同的生产工艺来设置车间(如图 4-1 所示)。在工艺专业化的生产车间内,集中着同种类型的生产设备和同工种工人,对企业生产的各种产品(或零件、部件),进行相同工艺方法的加工。

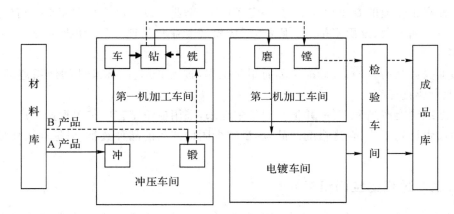

图 4-1

2.对象专业化

对象专业化就是按产品(或零件、部件)为对象来设置车间(如图 4-2 所示)。在对象专业化的生产中,车间内集中了为制造某种产品所需要的各种不同类型的生产设备和不同工种的工人,对其所负责的产品进行不同工艺方法的加工,基本上能独立完成该种产品的全部或大部分工艺过程。

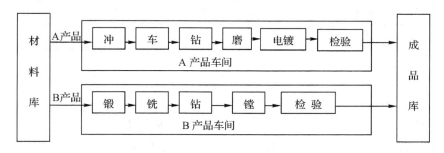

图 4-2

这两种专业化形式各有优缺点。工艺专业化的优点是能够充分利用机器设备和生产面积;便于进行同工种工人之间的技术交流和对工艺进行专业化管理;对产品品种变化和适应性较强。其缺点是产品(零件、部件)加工路线长,运输工作量大;产品在生产过程停顿和等待的时间多,生产周期长,占用流动资金多;生产单位之间的生产联系复杂,零件的成套性不易掌握,计划、生产和质量管理工作也比较复杂。对象专业化的优缺点与工艺专业化相比,则相反。究竟采用何种专业化形式,要综合考虑企业专业方向的稳定程度、品种的多少、生产规模的大小、生产类型,以及产品结构和工艺复杂程度等因素而定。在实际工作中,往往把上述两种专业化形式结合起来运用,称为综合形式。它以某种专业化为主,同时采用另一种专业化形式。它兼有两种专业化形式的优点,而可以尽量避免其缺点。

四、生产过程的时间组织

生产过程的时间组织,是指劳动对象在生产过程中,从一个工作地到另一个工作地之间在时间上的衔接方式。劳动对象在生产单位之间的运动,在时间上也应互相配合和衔接,以提高生产过程的连续性,缩短生产周期,加速流动资金的周转。

(一)零件在工序间的移动方式

当一次生产的零件只有一个时,零件只能顺次地经过各道工序,即在上道工序加工完毕后转入下道工序加工。当加工一批(很多个)相同零件时,就有可能采用以下三种不同的移动方式。

1.顺序移动方式

顺序移动方式是指整批零件在前一道工序全部加工完毕以后,才开始整批集中运送到下一工作地去加工下一道工序。

例 1:一批待加工零件共有 $n=4$ 个,需加工 $m=4$ 道工序,每道工序单件时间 $t_1=10$ 分,$t_2=5$ 分,$t_3=20$ 分,$t_4=10$ 分,求该批零件在顺序移动下的加工周期 $T_顺$。

从图 4-3 可知:加工周期 $T_顺=180$ 分钟。

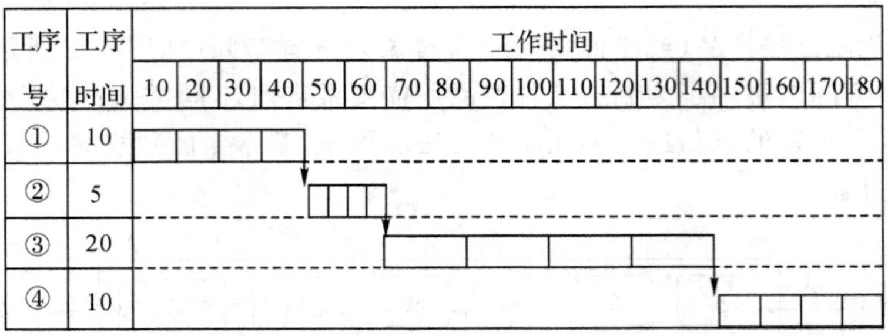

图 4-3

计算公式为：$T_顺 = n\sum_{i=1}^{m} t_i$，其中 t_i 第 i 道工序单件加工时间。

采用这种移动方式的优点是：设备可以连续使用，没有停工时间，组织和管理工作比较简单。缺点是：每个零件都有因等待加工和等待运输而产生中断，因此整批零件的生产周期长，资金周转慢。

2. 平行移动方式

平行移动方式是指一批中每个零件在前一道工序加工完毕以后，立即转到下一道工序进行加工，零件在工序之间是逐个地运输。

例 2：在上例的条件下，求平行移动的加工周期 $T_平$。

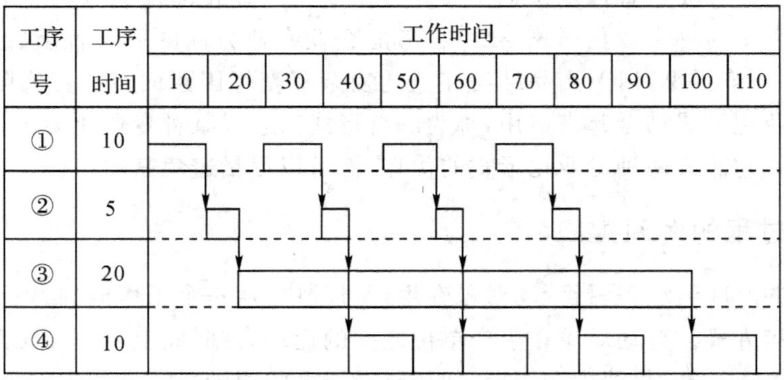

图 4-4

从图 4-4 可知：加工周期 $T_平 = 105$ 分钟。

计算公式为：$T_平 = \sum_{i=1}^{m} t_i + (n-1)t_K$，其中 $t_K = \max(t_i)$。

采用这种移动方式的优点是：各道工序的加工是平行进行的，因而整批零件的生产周期最短。缺点是：当后道工序的单件加工时间小于前道工序的单件加工时间时，会出现设备和工人停工现象；当后道工序的单件加工时间大于前道工序的单件加工时间时，会出现零件等待加工的现象；而且这部分空闲时间比较零碎，不便于利用。

3. 平行顺序移动方式

平行顺序移动方式是指顺序移动方式和平行移动方式的结合使用，也就是一批零件在前道工序尚未全部加工完毕时,就部分把已经加工完毕的零件,转到下一道工序进行加工,并使下一道工序能连续加工完该批零件。

例 3:在例 1 的条件下,求平行顺序移动的加工周期 $T_{平顺}$。

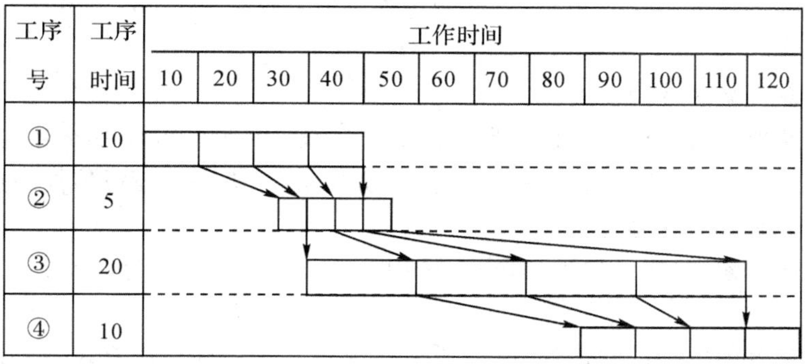

工序号	工序时间	工作时间											
		10	20	30	40	50	60	70	80	90	100	110	120
①	10												
②	5												
③	20												
④	10												

图 4-5

画图规则:(1)若 $t_前 \geqslant t_后$,从最后一个零件顺序移动;(2)$t_前 \leqslant t_后$,从第一个零件平行移动。

从图 4-5 可知:$T_{平顺} = 120$ 分钟。

计算公式为:$T_{平顺} = n\sum\limits_{i=1}^{m} t_i - (n-1)\sum t_{较短}$,其中 $t_{较短}$ 指每两相邻工序中较短的工序时间。

这种移动方式集中了以上两种移动方式的优点,既能使每批零件在一道工序上尽可能做到连续加工而没有停顿,又能使零件在各道工序的加工尽量做到平衡。采用这种移动方式,尽管工人和设备也有停工时间,但这种停工时间比较集中,便于用来做其他工作,使工人和设备有充分的负荷;而且,零件在各道工序之间的等待运输和等待加工的中断时间,也要比采用顺序移动方式少得多。可见,在各工序加工时间不协调的情况下,采用这种方式是比较有利的。

这三种移动方式的加工周期之间的关系为:

$$T_{平} \leqslant T_{平顺} \leqslant T_{顺}$$

(二)零件移动方式的选择

在具体选择加工对象的移动方式时,应根据企业的实际情况,综合考虑以下各种因素。

1. 企业的生产类型

在大量大批生产条件下,采用平行移动或平行顺序移动方式较为有利,特别在组织流水生产时,采用平行移动方式更能保证生产过程的连续性;而在单件小批生产条件下,由于零件种类多,数量小,加工顺序和工作地不固定,很难组织平行移动和平行顺序移动方式,因此采用顺序移动方式较适宜。

2. 生产单位的专业化形式

按工艺专业化设置车间或班组时,由于零件的各个加工工序是在不同的生产车间进行,运输路线长,不利于逐件运输,这样就适宜采用顺序移动方式;而按对象专业化设置车间或班组时,由于设备和工作地是按照产品生产的工艺过程排列的,所以可采用平行移动或平行顺序移动方式。

3.零件的重量和工序劳动量的大小

零件较轻,工序劳动量又较小,采用顺序移动方式更有利于组织运输,节省运输费用;反之,若零件较重,工序劳动量又较大,零件的运输只能逐件进行,则采用平行移动和平行顺序移动方式较适宜。

4.调整设备所需的劳动量大小

如果因改换加工对象而调整设备所需的时间很长,劳动量很大,那么还是采用顺序移动方式为好;反之,则适宜采用平行顺序或平行移动方式,以进一步缩短零件的加工周期。

5.生产任务的轻重缓急情况

对于那些任务紧、时间急的加工任务,采用平行移动或平行顺序移动方式更能保证任务的迅速完成。

在综合考虑上述各种因素的情况下,既可以采用其中一种移动方式,也可以三种移动方式同时结合使用,从时间上达到合理组织生产过程要求。

五、生产流水线的组织

流水生产是对象专业化生产组织形式的进一步发展,是一种高效率的生产组织形式。在流水生产线这种生产组织形式加工的产品,劳动对象的工艺过程都按照规定的路线、速度、间隔时间,从一个工作地到另一个工作地流动,顺序完成工序作业的生产过程。

(一)流水生产的特征和条件

1.流水生产的特征

(1)流水线的各个工作地都固定地作一道或少数几道工序,工作地的专业化程度很高;

(2)各工作地按照劳动对象加工的工艺顺序排列;

(3)流水线上各道工序(工作地)的加工时间是相等或简单的倍数关系;

(4)按照预先规定的节拍出产产品,使加工各道工序的工作地数量同各道工序时间的比例同步化。

在工业企业里,流水生产线的组织形式是多种多样的,最好的形式是自动流水生产线。在这种流水线上加工产品,是由许多紧密联系的机器和机器体系联合进行的,它采用自动装置,自动地完成从投料、工艺加工、检验、运输、包装等工作的全部内容。

2.实行流水生产的条件

实行流水生产的基本条件是:产品方向明确,生产任务稳定,产品数量大,产品结构和工艺要求比较稳定,各工序之间的劳动时间比较协调,工作地的专业化程度比较高等。

(二)组织流水生产的步骤和方法

组织流水生产线的一般步骤和方法如下。

1.审查产品的结构和加工工艺

要搞好流水线的设计工作,首先要根据产量的大小,生产时间的长短,确定流水线的形式。此外还要做好产品结构的改进和工艺规程的审查工作。改进产品结构是为了使产品的结构适应于组织流水生产的要求。审查工艺规程,是对零件进行工艺分析,考虑使用所选工艺的专用设备的可能性,尽可能提高生产机械化水平,减少手工操作,修订工时定额,调整加工顺序和改变加工种类,使同组零件基本上具有相同的工艺过程等,保证生产流水线具有技术上和经济上的合理性。

2.计算和确定流水生产线的节拍

节拍是指流水线上前后出产两种同样产品之间的间隔时间。它是设计流水线的基础,同时也是表明流水线出产量大小的一个指标。其计算公式是:

$$节拍=\frac{计划期有效工作时间}{计划期产量}$$

3.组织工序的周期化

在流水线上,各道工序加工时间,应当同流水线的节拍相同或者成倍数关系。要实现这一点,必须通过工序的周期化工作。

实行工序的周期化,主要是通过工艺的设计和改建,用工序的集中和工序的分散来调整工序时间的长短。工序的集中,是把几道比较小的工序合并为一道工序。工序的分散,是从一道较长工序中,分出部分作业,合并到较小的工序中去。通过工序的集中和分散,把各道工序时间与节拍调整成比例关系。此外,还可以通过采用先进工艺,合理设置工作地和配备工人,改善设备状况等方法,来调整工序时间的长短,实现工序的周期化。

4.确定各工序的工作地数量(或机器设备数量)

各道工序的加工时间的长短是不尽相同的,为了适应流水线的节拍,就要正确计算和确定各道工序所需要的工作地数量(或机器设备数量)。计算公式是:

$$\frac{某工序需要工作地数}{(或机器设备数)}=\frac{某工序单件时间定额}{节拍}$$

5.选择流水线上工作地的安排方式及传送装置

在排列工作地(或机器设备)的时候,应该使产品从一个工作地到另一个工作地运输距离最短,消耗时间最少,生产面积利用最充分。还应当注意,既要保证生产工人操作方便,又要考虑到辅助部门工作的方便,为满足以上要求,流水生产线的工作地通常按直线或单向运输线来排列。

工作地之间的运输,如流水生产的批量很大,一般可采用机械化的传送带式的运输设备,工人就在传送带旁进行加工。但是并不是任何流水生产中都需要传送带,在有的流水线上,是采用专门吊车、各种牵引装置、手推车等运输工具,以解决产品从一个工作地到另一个工作地的运送问题。

(三)生产线

流水生产是先进的生产过程的组织形式,在不具备流水生产的条件下,企业可以通过一定的努力,采用生产线的组织形式。

生产线是按对象专业化组织起来的多品种的生产组织形式,它是根据流水线的原理进行组织的,但低于流水线的水平。生产线具有的特点是:生产线是以零件组(结构上、工艺上相似的多种零件)为加工的对象。它拥有完成该零件组加工所需的设备,并按零件组中的主要零件或多数零件的加工顺序排列。它并不像流水线那样严格按节拍出产品,因为零件组中各零件的工序时间很难做到相等或成整倍数。

综上所述,生产线的经济效果低于流水线的经济效果,但它具有较大的灵活性,能适应较多品种的需要。在产品品种规格较为复杂,零部件种类多、数量大,设备不足的企业里,采用生产线的组织形式是比较适宜的。

第二节　生产能力的核定

企业的生产能力是企业能否按期完成生产任务的保证,也是企业编制生产计划与生产作业计划的依据之一。因此,企业应努力使生产能力和生产任务达到平衡,使生产能力得到充分的利用,使生产任务得到落实。

一、生产能力的概念和种类

（一）生产能力的概念

工业企业的生产能力,是指在合理的生产组织技术条件下,在一定时期内,企业各生产环节直接参与生产的固定资产,能够生产一定种类和一定质量产品的最大数量,或处理一定原材料的最大数量。

企业的生产能力是指各个生产环节、各种固定资产的综合生产能力,而不是某一环节的个别机器设备的生产能力。表示企业生产能力的时间单位,一般以一年来计算。对于流水线、自动线和单机,有时也用班产量或小时产量来表示生产能力。企业的生产能力通常是用最终产品的实物量来反映的,如以年产柴油机的台数等来表示机械企业的生产能力。但是,对由于某些原材料的成分的变化而对产品生产量产生较大影响的企业,为了使这些企业的生产能力不致因原材料的变动而变动,它们的生产能力是用一年内（或一昼夜）能够加工处理的原材料的数量来表示。如用日榨甘蔗的吨数,来表示制糖厂的生产能力。

（二）生产能力的种类

1.设计能力

这是工业企业设计任务书和技术设计文件中规定的生产能力。它是根据设计文件中规定的产品方案、全部技术装备和设计数据计算出来的最大年产值。

2.查定能力

这是在没有设计能力,或者原有设计能力由于工业企业的产品方案和技术组织条件发生了重大的变化,已经不能反映实际情况时,由企业重新调查核定,并经上级主管机关批准的生产能力。这种生产能力,是根据企业现有的条件,并且考虑到企业在查定时期所采取的各种措施效果来计算的。

3.计划能力

这是指工业企业在计划年度内可能达到的生产能力。它是根据企业现有的条件,并且考虑到企业在计划年度内所能实现的各种措施效果来计算的。

以上三种生产能力,各有不同的用途,当确定企业生产规模、编制企业长远计划、安排基本建设计划以及确定重大的技术组织措施项目时,应当以设计能力或查定能力为依据。当企业编制年度生产计划、确定生产目标时,主要是以计划能力为依据。

二、决定生产能力的基本因素

工业企业的生产能力,主要是由下面三个因素决定的。

1. 生产性固定资产的数量

这是指计划期内所拥有的全部能够用于生产的机器设备、厂房和其他生产用建筑物的数量。机器设备包括正在运转、修理、安装或等待改装的设备,以及因生产任务变化而暂时停止使用的设备。但经上级批准外调、准予停用、报废的设备,或因为损坏严重,已丧失了原有生产能力,而在计划期内不能修复使用的设备,以及企业按规定作为备用的设备等不计算在内。

2. 生产性固定资产的有效工作时间

这是指按照企业现行工作制度计算的机器设备的全部有效工作时间和生产面积的全部利用时间。在连续生产的企业里,机器设备的有效工作时间等于日历时间减去计划停修时间,生产面积利用时间是在日历时间中扣除节日、假日时间之后,按照企业规定的工作班次来计算的,其中还要扣除计划停修时间。

3. 生产性固定资产的生产效率

生产性固定资产的生产效率包括机器设备的生产效率和生产面积的生产效率。机器设备的生产效率是指单位机器设备的产量定额或者单位产品的工时定额;生产面积的生产效率。是指单位面积的产量定额,或单位产品占用生产面积的大小和时间的长短。

三、生产能力的核算

根据上述因素,就可以按照各生产环节的机器设备,分别计算生产能力。

(一)核算生产能力的一般方法

企业生产能力的核算,一般是按设备计算,其公式为:

$$\frac{\text{机器设备}}{\text{生产能力}} = \frac{\text{机器设备}}{\text{的数量}} \times \frac{\text{机器设备有}}{\text{效工作时间}} \times \frac{\text{单位时间}}{\text{产量定额}}$$

按照各个生产环节特点需要生产面积计算生产能力的,其公式为:

$$\frac{\text{生产面积}}{\text{生产能力}} = \frac{\text{生产面}}{\text{积数量}} \times \frac{\text{生产面积}}{\text{利用时间}} \times \frac{\text{单位面积单位时}}{\text{间的产量定额}}$$

为了评定生产能力的合理利用状况,通常还要计算生产能力利用系数或生产能力利用率。若系数等于1,则生产能力与生产任务要求相适应;若系数大于1,则表示能力不足;若系数小于1,则表示能力有富裕,任务不足。生产能力计划利用系数或利用率的计算公式如下:

$$\text{生产能力计划利用系数} = \frac{\text{计划年产量}}{\text{计划生产能力}}$$

$$\text{生产能力计划利用率} = \frac{\text{计划年产量}}{\text{计划生产能力}} \times 100\%$$

(二)多品种的生产能力核算

1. 按代表产品进行核算

这一方法就是从众多品种中选择一种产品作为代表产品,其他产品则通过换算系数折合为代表产品,然后据以计算生产能力。其核算方法与单一品种相同。所谓代表产品是指企业发展方向的主要产品,而且产量较大,工艺结构上具有一定的代表性。

换算系数是以劳动定额作为换算标准,其计算公式如下:

$$换算系数 = \frac{某产品台时定额}{代表产品台时定额}$$

按各类产品的换算系数乘以该类产品的产量,就折合为代表产品的产量。如某企业计划期内生产甲、乙、丙三种产品,产量分别为 100 台、125 台、25 台。单位产品台时定额,甲产品 20 台时,乙产品 40 台时,丙产品 80 台时;乙产品为代表产品。按代表产品计算生产能力如表 4-1 所示。

表 4-1

产品名称	计划产量	单位产品台时定额	换算系数	折合代表产品产量	备　注
甲	100	20	0.5	50	
乙	125	40	1	125	代表产品
丙	25	80	2	50	
合计	—			225	

2. 按假定产品进行核算

当产品品种杂、劳动量相差很大,不易确定代表产品时,可利用假定产品计算生产能力。用假定产品计算生产能力,关键在于先要算出假定产品的台时定额,其计算公式如下:

$$假定产品台时定额 = \sum \left(各产品台时定额 \times 各产品产量占总产量的百分比 \right)$$

假定产品台时定额核算如表 4-2 所示。

表 4-2

产品名称	计划产量	各产品产量占总产量的百分数(％)	单位产品台时定额	假定产品台时定额折合数
甲	100	40	20	8
乙	125	50	40	20
丙	25	10	80	8
假定产品台时定额合计	—	—	—	36

算出了假定台时定额以后,然后根据生产能力的计算公式算出假定产品的生产能力。

四、提高生产能力的途径

提高企业生产能力,主要是使企业在不增加投资、不增加设备和人员的条件下,通过合理组织生产来增加产量,不断提高企业的经济效益。具体途径如下。

1. 改善设备的利用时间

主要是减少设备的停歇时间,更好地利用制度工作时间。例如延长设备的修理间隔时间,缩短停修时间,尽量安排节假日修理,加强日常的维护保养,提高设备的成套性,加强生产准备工作等。

2. 提高设备的利用强度

主要是提高设备和工艺装备的机械化、自动化水平;消除机器设备的空运转;减少设备调整时间,提高设备负荷率。

3. 降低单位产品的劳动消耗量

主要是改进产品结构,改进产品制造的工艺方法,采用先进的操作方法。

4. 改善生产组织和劳动组织。

5. 加强对员工的文化技术教育和培训,提高劳动效率。

第三节　生产计划和生产作业计划

企业的生产计划和生产作业计划是对企业的生产任务作出统筹的安排,是企业进行生产管理的依据。因此,编制生产计划和生产作业计划是企业生产管理的一项主要工作。

一、生产计划

(一)生产计划及其作用

1. 生产计划的概念

生产计划是企业在计划期内应完成的产品生产任务及其进度的计划。它具体规定着企业在计划内应当生产产品的品种、质量、数量、产值、生产期限和生产能力的利用程度等计划指标。

2. 生产计划的作用

生产计划是企业在计划期内完成生产目标的行动纲领,是组织生产的依据,也是编制其他计划的基础。

(二)生产计划的指标

1. 产品品种指标

产品品种指标是指企业在计划期内应该生产产品的品种和品种数。它表明了企业在品种方面满足社会需要的程度,反映了企业研究开发及更新产品的努力程度,也反映了企业的技术和管理水平。

2. 产品质量指标

产品质量指标是指企业在计划期内各种产品应该达到的质量标准。它表明了产品本身质量和生产过程的工作质量的好坏;也反映了企业的产品在使用价值方面能满足用户需要的程度和企业的技术水平和管理水平。

3. 产品产量指标

产品产量指标是指企业在计划期内应当生产的可供销售的产品的实物数量。它表明了企业向社会提供使用价值的实物量和生产发展水平与规模。

4. 产品产值指标

产品产值指标是在计划期内完成的劳动成果数量的货币表现。这种指标的主要特点是可以将使用价值不同的各种产品的实物量进行汇总。产值指标有商品产值、总产值和净产值。

(1)商品产值。是指企业在计划期内应当出产的可供销售的产品和劳务的价值。它一般按现行价格计算。它表明企业在计划期内向社会提供的商品总量。

$$商品产值 = \frac{本企业自备原材料}{生产的成品价值} + \frac{外售成}{品价值} + \frac{用订货者来料生产}{的产品加工价值} + \frac{对外承做的工}{业性劳务价值}$$

（2）总产值。是指用货币表现的企业在计划期内应当完成的工作总量。它反映了一定时期内企业生产总的规模和水平。一般按不变价格计算。

$$总产值 = \frac{商品}{产值} + \frac{期末在制品半成品}{自制工具模型的价值} - \frac{期初在制品半成品}{自制工具模型的价值} + \frac{订货者来}{料的价值}$$

（3）净产值。是指企业在计划期内新创造的价值。它反映企业的生产劳动成果，它不受原材料等转移价值的影响。一般按现行价格计算。

$$净产值 = 总产值 - 各种物资消耗的价值$$
$$= 工资 + 税金 + 利润 + 其他属于国民收入初次分配性质的费用支出$$

其他属于国民收入初次分配性质的支出，主要包括差旅费、市内交通费、教育培训费、利息支出、罚金支出等。

（三）生产指标与生产能力的平衡

生产指标与计划生产能力的平衡可以采用产量和台时两种方式，在大量大批生产条件下，生产任务与生产能力进行平衡时可以用实物产量相比较。在多品种成批生产或单件小批生产条件下，也可以用生产任务所需台时数与计划生产能力所具有的台时数相比较，以反映设备的负荷情况和计划能力的利用程度。

（四）产品出产进度的合理安排

在生产计划指标和计划生产能力进行平衡后，还必须安排产品出产进度，把计划期内的生产任务按品种、数量和出产期限，具体地安排到各个季度和各个月份。

1. 合理安排的要求

（1）保证订货合同规定的产品品种、数量、质量、出产期限任务的完成。

（2）进行各种产品的合理搭配，使企业各车间在全年各季、各月的负荷比较均衡。

（3）注意和生产的技术准备、技术的组织措施、物资供应等工作在时间上紧密衔接。

（4）注意全面考虑，留有余地，还要注意计划年度和跨年度的生产安排相衔接。

2. 合理安排的方法

（1）大量大批生产的企业。主要是合理地确定日产水平和分季、分月产量的增长幅度，一般产品出产进度安排方法可以采用平均分配法、分期递增法、小幅度连续增长法和抛物线递增法等。

（2）成批生产企业。主要是合理地组织各种产品的搭配生产。对于经常生产、产量较大的产品，可以用细水长流的方式，在全年内均衡地安排生产；对于产量较少的产品在不影响交货期的前提下组织集中生产，以减少同期生产的品种；对于新产品要考虑生产技术准备工作、关键设备和关键工种加工的工作平衡，必须适当分散，同时新旧产品上、下场要有一定的交叉时间。

（3）单件小批生产企业。主要是按用户不同的要求和订货合同的规定的交货期来安排产品出产进度，一般先安排已明确的生产任务，对尚未明确的任务只作概略的计划，待接到用户订货单后再加以具体化。

二、期量标准

（一）期量标准及其作用

1.期量标准的概念

期量标准是指劳动对象（产品、零件）在生产过程中有关时间和数量方面所规定的标准数据。

2.期量标准的作用

期量标准是编制生产作业计划的依据，采用科学的切合实际的方法制定期量标准，可以正确规定产品的投入和出产时间，使生产中的在制品数量保持在正常合理的水平，缩短生产周期，并可组织均衡生产，提高生产的经济效益。

（二）常用的期量标准

1.批量

批量是指一次投入或产出同种制品的数量。在产量任务一定的情况下，采用的批量愈大，产品轮番生产的次数就愈少，生产过程就比较稳定，可以减少设备调整时间和费用，有利于提高设备利用率和劳动生产率。但增大批量又会延长每批产品的生产周期，增加生产中在制品数量，增加在制品占用的生产面积、存储费用以及资金占用量。因此，必须正确选择经济合理的批量。

计算批量的方法有很多种，常见的有经济批量法和最小批量法两种。

（1）经济批量法（最小费用法）。它是以经济为原则，综合考虑各种因素对费用的影响来确定批量的方法。

设：Q 为经济批量；N 为计划期产量；A 为每次设备调整费用；C 为单位产品成本。

经济批量公式为：$Q=\sqrt{\dfrac{2NA}{C}}$

（2）最小批量法。它是以充分利用设备的观点来确定批量的方法。它要使确定的批量能保证设备调整时间损失对加工时间的比例，不得超过所允许的数值。其计算公式为：

$$最小批量=\dfrac{设备调整时间}{工序单件加工时间×设备调整时间损失系数}$$

采用此法计算批量，不必每道工序都进行计算，只对主要工序进行计算就可以了。

2.生产间隔期

生产间隔期是指前后相邻两批同种制品投入或产出的时间间隔。批量和生产间隔期的关系可用下列计算公式表示：

批量＝生产间隔期×平均日产量，平均日产量＝计划期产量÷计划期工作天数。

当平均日产量不变的情况下，批量和生产间隔期成正比例关系，它们可以先确定批量再决定生产间隔期（以量定期法）；也可以先确定生产间隔期再决定批量（以期定量法）。

3.生产周期

生产周期是指从原材料投入生产开始，到产品生产出来为止的全部日历天数。生产周期的长短与企业的生产组织、劳动组织、计划工作的水平，以及各类产品的生产工艺特点有着密切的联系。缩短生产周期，对适应市场变化、加速流动资金周转、提高生产的经济效益有着重要的作用。

4. 生产提前期

生产提前期是指产品(零件、部件)在生产过程的各个工艺阶段投入(或出产)的日期比成品出产日期所提前的天数。正确确定生产提前期,对于保证各工艺阶段的衔接、协调和实现均衡生产、按期交货有着重要的作用。

生产提前期可分为投入提前期和出产提前期,它决定于各工艺阶段的生产周期、生产间隔期和保险期。

某车间出产提前期＝后车间投入提前期＋本车间保险期

某车间投入提前期＝本车间出产提前期＋本车间生产周期

以机械行业为例,在各工艺阶段生产间隔期都相等的情况下,生产提前期和生产周期、保险期的关系如图 4-6 所示。具体计算时,先以装配车间的出产提前期为"0",然后按工艺过程反顺序进行。

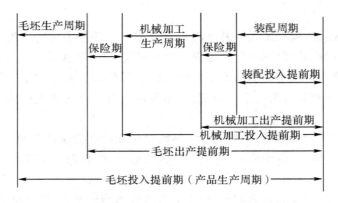

图 4-6

5. 在制品定额

在制品定额是指在一定的组织条件下,为保证生产正常进行,生产过程各环节所需占用的最低限度的在制品的数量。在制品定额是协调和控制在制品流转交接,均衡组织日常生产活动的主要依据。合理的在制品定额,应既能保证生产的正常需要,又能使在制品占用量保持最适当的水平。

不同生产类型和生产组织形式的企业,采用的期量标准是不同的。大量生产类型的企业,一般采用节拍、节奏、流水线工作指示图表、在制品定额等。成批生产类型的企业,一般采用批量、生产间隔期、生产周期、生产提前期、在制品定额等。单件小批生产类型的企业,一般采用生产周期、生产提前期、产品装配指示图表等。

三、生产作业计划

(一)生产作业计划及其作用

1. 生产作业计划的概念

生产作业计划是企业生产计划的具体执行计划。即把企业的年度、季度生产计划中规定的月度生产任务以及临时性的生产任务,具体分配到各车间、工段、班组以及每个工作地和个人,规定他们在月、旬、日、轮班以至小时的任务,并按日历顺序安排进度。

2.生产作业计划的作用

生产作业计划是企业联系各个生产环节,组织日常生产活动,落实企业内部经济责任制的依据;是建立正常生产秩序,保证均衡生产,取得良好经济效益的重要手段。

(二)生产作业计划的编制方法

当产品结构简单、车间按对象专业化原则组织,各车间之间没有半成品供应关系时,只要将企业的生产任务按照各车间既定的专业分工及生产能力的负荷情况,直接分配即可。当车间是按工艺专业化原则组织,车间之间有相互提供半成品关系时,厂部分配车间任务,就要在保证成品出产期限的前提下,解决好各车间的生产在数量上和时间上的衔接平衡问题。按不同生产类型,可采取不同的方法。

1.大量大批生产类型生产作业计划的编制

在制订生产作业计划时通常采用在制品定额法,即运用在制品定额作为调节车间任务的标准,按产品生产工艺的反顺序来规定各车间的计划投入量和出产量,保证车间之间的衔接。

各车间的出产量和投入量可按下列公式计算。根据计划出产量先规定最后车间的投入量,然后依次反推,计算前面车间的出产量和投入量。

某车间出产量＝后车间投入量＋该车间半成品外销量＋(中间库半成品定额－中间库半成品期初预计存量)

某车间投入量＝本车间出产量＋本车间计划允许的废品数＋(本车间内部在制品定额－本车间计划期初预计在制品数量)

2.成批生产类型生产作业计划的编制

成批生产类型的企业,根据市场需求不定期地重复或轮番生产的产品,通常采用累计编号法。即从年初或从开始生产这种产品开始,按生产先后顺序累计确定。具体编制步骤如下:

(1)计算产品在各车间计划期末应达到的累计出产和投入的号数

某车间出产累计号数＝成品生产累计号数＋本车间出产提前期×成品平均日产值

某车间投入累计号数＝成品出产累计号数＋本车间投入提前期×成品平均日产值

(2)计算各车间在计划期内应完成的出产量和投入量

计划期出产(投入)量＝计划期末(投入)累计号数－计划期初出产(投入)累计号数

(3)按批量对车间的出产量和投入量进行修正,使车间出产(投入)的数量和批量相等或是批量的倍数。

3.单件小批生产类型生产作业计划的编制

单件小批生产类型的企业,一般按订货单来制订生产作业计划,通常采用生产周期法来确定车间的具体生产任务。生产周期法是根据每项订货合同规定的交货期限和预先制定的产品生产周期进度表,用反工艺顺序依次确定产品和零部件在各生产阶段投入和出产时间的计划方法。其具体编制步骤如下:

(1)根据订货要求,制定各种产品的生产周期图表。

(2)按照各种产品的生产周期图表,编制全厂各种产品投入和出产的综合进度计划图表,并确定各种产品在各加工阶段的投入和出产日期。

(3)编制车间月度计划时,只需在综合进度计划图表中摘录该车间当月投入和出产的任务,再加上月结转和临时承担的任务。

四、生产作业控制

生产作业控制是指从原材料投入生产到成品入库为止的生产全过程中,以作业计划为标准在时间上和数量上所进行的控制。生产作业控制的内容如下。

1. 生产进度控制

(1)投入进度控制。是指控制产品(零部件)开始投入日期、数量、品种是否符合计划的要求,还包括原材料、毛坯、零部件投入提前期和设备、人力、技术措施项目投入使用日期的控制。

(2)出产进度控制。是对产品(零部件)的出产日期、出产提前期、出产量、出产均衡性和成套性的控制。

(3)工序进度控制。是对产品(零部件)在生产过程中经过的每道加工工序的进度所进行的控制。

2. 在制品控制

在制品控制是指对生产过程各个环节的在制品、实物和账目进行的控制。它是保证在制品的质量、减少损坏、节约流动资金、缩短生产周期、减少和避免积压的有效措施。为了有效控制在制品,必须对在制品的投入、生产、领用、发放、保管、周转做到有数、有据、有手续、有制度、有秩序。

五、生产调度工作

生产调度是对企业日常生产活动进行控制和调节的工作。生产调度工作要以生产作业计划为依据,而生产作业计划要通过生产调度来实现。

1. 生产调度工作的主要内容

(1)检查各生产环节的零件、部件、毛坯、半成品的投入和出产的进度,及时发现生产作业计划执行过程中的问题,并采取积极措施加以解决;

(2)检查督促和协调有关部门及时做好各项生产作业准备工作;

(3)根据生产需要合理调配劳动力,督促检查原材料、工具、动力等的供应情况和厂内运输工作;

(4)对轮班、工作日、周、旬和月计划完成情况进行统计分析工作。

2. 生产调度工作的要求

(1)生产调度工作必须高度集中统一;

(2)生产调度工作要以预防为主;

(3)生产调度工作要从实际出发,贯彻群众路线。

3. 加强生产调度工作的措施

(1)建立健全生产调度机构。小型企业可实行厂部统一调度,规模较大的企业也可采用企业和车间分级调度,各级调度机构职责权限必须明确。

(2)建立健全调度工作制度。如值班制度、调度报告制度、调度会议制度、现场调度制度和班前班后小组会议制度。

(3)要适当配备和充分利用各种生产调度技术设备。如通讯设备、工业电视和电子计算机等。

第四节　网络计划技术

网络计划技术是一种组织生产和进行计划管理的科学方法。它的基本思想就是统筹兼顾,求快、求好、求省。

一、网络计划技术概述

（一）网络计划技术的基本原理

网络计划技术是利用网络图表达计划任务的进度安排及其中各项活动（作业或工序）之间的关系;在此基础上进行网络的时间、费用、资源分析,不断改善网络计划,以求得工期、资源与成本的优化方案;用经过优化的网络图安排生产,指挥调度,以保证达到预定的计划目标。

网络计划技术的适用范围很广,特别适用于一次性的工程项目,如新产品试制、设备大修、建筑施工以及单件小批产品的生产安排等。

（二）网络计划技术的特点

（1）它把整个生产过程的各个环节有机地组织起来,指出关键所在,从而使各级领导既能统筹全局,又能抓住关键,合理调配资源。

（2）用网络图反映整个生产过程中各项工序之间的相互关系,有利于广大员工从全局着眼,相互协作,紧密配合,保证生产任务的完成。

（3）对于较大的计划项目,可分解为许多分支系统,按系统分别进行控制,由局部最优达到总体最优。

（4）网络计划技术既是一种计划方法,又是一种组织和控制生产的工具,对于在生产中较难控制的因素,如原材料、动力、外购件的供应,可以在绘制网络图时预先增加催促和等待时间,并在执行过程中根据网络图标明的日期及早采取措施。

（5）网络计划技术提供的网络模型,为采用电子计算机实现自动化管理创造了有利的条件。

二、网络图的绘制方法

（一）网络图的组成

箭线式网络图是由活动、事件和路线三个要素组成。

1. 活动

活动是指一项作业（工作）或一道工序,用一根箭线表示,箭尾和箭头分别表示活动的开始与结束。完成一项活动需要消耗一定的时间和资源。

$$\text{开始} \xrightarrow[\text{（箭尾）} \quad \text{占用的时间与资源}]{\text{活动名称}} \text{结束}_{\text{（箭头）}}$$

值得注意的是,在网络图中还有一种活动称为虚活动,它无活动名称,不占用时间与空间,不消耗资源,只表示逻辑关系,它用虚箭线表示。

2. 事件（或称结点）

事件是指某项活动的开始或结束的时刻,用圆圈表示,事件不消耗资源,也不占用时间。

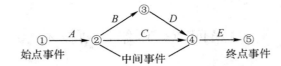

3.路线

路线是指从网络始点开始,顺着箭线方向,连续不断地达到网络终点事件为止的一条通道。在一个网络路图中有很多条路线,其中作业时间之和最长的称为关键路线,它体现整个计划的总工期。

(二)绘制网络图的规则

(1)不允许出现循环路线;

(2)相邻两点之间只能有一条箭线,作图时应力求减少虚箭线;

(3)箭线的首尾都必须有结点;

(4)结点编号不能重复,箭头结点号要大于箭尾结点号;

(5)不能出现没有紧前作业(先行作业)和紧后作业(后行作业)的中间事件。

(三)绘制网络图的方法

首先要编制作业明细表。通过调查该计划的作业项目,明确工序之间的先后顺序或平行交叉关系,确定各项作业的作业时间,进行汇总列出作业明细表。

然后根据作业之间的逻辑关系,按照绘图原则,采用从前往后或从后往前逐步推进,逐步调整的方法完成。

1.已知紧前作业的网络图的画法

(1)在紧前作业中找出未出现的一些作业,它们一定是进入终点的,先将它们画出;

(2)用逆推法从后向前推进;

(3)检查无紧前作业的应该都从始点出发。

例1 已知各工序逻辑关系如表4-3,试绘制网络图。

表 4-3

作业名称	A	B	C	D	E	F	G	H	I	J	K
紧前工序	—	—	—	A	A	AB	C	EF	EF	EFG	DH

解:

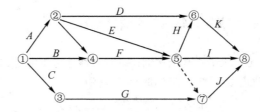

2.已知紧后作业的网络图的画法

(1)在紧后作业中找出未出现的一些作业,它们一定是从始点出发的,先将它们画出;

(2)用顺推法,从前向后推进;

（3）检查无紧后作业的应该都进入终点。

例2　已知各工序逻辑关系如表4-4，试绘制网络图。

表4-4

作业名称	A	B	C	D	E	F	G	H	I	J
紧后作业	BCD	EF	F	GH	H	J	I	I	J	—

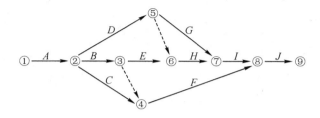

三、网络时间的计算

网络图不仅是计划任务及其组成部分相互关系的综合反映，而且还包含着时间进度的安排。网络时间的计算主要内容有：各结点（事件）的最早开始时间和最迟完成的时间；各工序（活动）时间值；计算时差和找出关键路线。

1. 结点最早开始时间

结点最早开始时间是指从该结点开始的各项活动（工序）最早可能开始时间，以 $T_E^{结点号}$ 表示。网络图始结点的最早时间为零，即 $T_E^1 = 0$，网络终点事件因无后续工序，所以它的开始时间也就是它的结束时间。计算时应从网络始点事件开始，顺着箭线的方向，逐个计算，直至网络的终点事件。计算公式为：

$$T_E^j = \max\{T_E^i + T^{ij}\}$$

式中：T_E^j——结点 j 的最早开始时间；

$\quad\quad T_E^i$——先行结点 i 的最早开始时间；

$\quad\quad T^{ij}$——工序 $i \to j$ 的作业时间。

计算后，在图上用□标记。

2. 结点最迟完成时间

结点最迟完成时间是指以该结点为结束的各项活动最迟必须完成的时间，以 $T_L^{结点号}$ 表示。网络图最终结点的最迟完成时间就是它的最早开始时间，即网络计划的总工期。计算时应从最终结点开始，逆着箭头方向，计算各结点的最迟完成时间。计算公式为：

$$T_L^i = \min\{T_L^j - T^{ij}\}$$

式中：T_L^i——结点 i 的最迟完成时间；

$\quad\quad T_L^j$——结点 i 紧后结点 j 的最迟完成时间。

计算后，在图上用△标记。

例3：续例1，若已知各作业时间如表4-5，试计算各结点时间。

表4-5

作业名称	A	B	C	D	E	F	G	H	I	J	K
紧前工序	—	—	—	A	A	AB	C	EF	EF	EFG	DH
作业时间（天）	1	2	3	4	7	3	4	2	4.5	5	1.5

解：

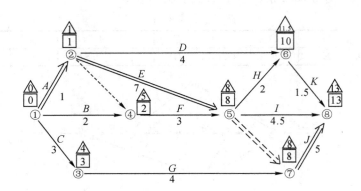

例 4：续例 2，若已知各工序时间如表 4-6，试计算各结点时间。

表 4-6

作业名称	A	B	C	D	E	F	G	H	I	J
紧前工序	BCD	EF	F	GH	H	J	I	I	J	—
作业时间(天)	5	4	3	4	8	2	11	7	6	9

解：

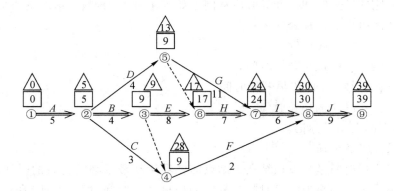

3.工序时间值的计算

每一工序都有最早开始、最早完成、最迟开始、最迟完成以及工序总时差。它们与结点时间值的关系如下：

$i \rightarrow j$ 工序最早开始时间 $T_{ES}^{ij} = T_E^j$

$i \rightarrow j$ 工序最迟完成时间 $T_{LF}^{ij} = T_L^j$

$i \rightarrow j$ 工序最早完成时间 $T_{EF}^{ij} = T_E^j + T^{ij}$

$i \rightarrow j$ 工序最迟开始时间 $T_{LS}^{ij} = T_L^j - T^{ij}$

工序总时差指该工序在不影响总工期条件下，某项活动（工序）最迟开始时间与最早开始时间的差数，以 $S_\text{总}^{ij}$ 表示。它可以用下列公式计算：

$$S_\text{总}^{ij} = T_{LS}^{ij} - T_{ES}^{ij} = T_{LF}^{ij} - T_{EF}^{ij} = T_L^j - T_E^j - T^{ij}$$

当 $S_\text{总}^{ij} > 0$ 时，说明 $i \to j$ 工序有机动时间；

当 $S_\text{总}^{ij} = 0$ 时，说明 $i \to j$ 工序没有机动时间；

当 $S_\text{总}^{ij} < 0$ 时，说明 $i \to j$ 工序不能完成计划工期，要采取措施。

例 5：续例 4 计算工序时间值。

工序	工序时间	T_{ES}	T_{LF}	T_{EF}	T_{LF}	$S_\text{总}$
A	5	0	0	5	5	0
B	4	5	5	9	9	0
③----→④	0	9	28	9	28	19
C	3	5	25	8	28	20
D	4	5	9	9	13	4
⑤----→⑥	0	9	17	9	17	8
E	8	9	9	17	17	0
F	2	9	28	11	30	19
G	11	9	13	20	24	4
H	7	17	17	24	24	0
I	6	24	24	30	30	0
J	9	30	30	39	39	0

4. 关键路线的确定

（1）路线法

找出所有通道，工期最长的即为关键路线。

例 6：续例 4 确定关键线路。　　　　　　　　　　　　　　　　　工期（天）

关键线路是：Ⅲ（一般在图中以双箭头表示）。

（2）通过计算 $S_\text{总}^{ij}$ 来确定

$S_\text{总}^{ij} = 0$ 的工序称为关键工序，关键工序组成的线路就是关键线路。值得注意的是，网络图中的关键线路可能不止一条。

掌握和控制关键路线是网络计划技术的精华。在关键路线上各工序的作业时间如果提前或延迟一天，则整个计划任务的完工日期就要相应地提前或延迟一天。因此，要缩短生产周期，提高经济效益，就必须从缩短关键路线的延续时间入手，利用时差，挖掘非关键工序的资源，支援关键工序，以缩短关键路线的作业时间，不断进行网络计划优化。

第五节　线性规划等数学方法的应用

在生产管理中如何合理利用资源,合理调配资源,使目标达到最优,这是每个管理者所关心的问题。线性规划等数学方法就是解决这类问题的最好工具。

一、线性规划

1.线性规划数学模型的建立

线性规划是在一些线性等式或不等式的约束条件下,求解线性目标函数的最大值或最小值的方法。线性规划应用于企业生产计划的编制工作中,可以通过建立和求解数学模型,使计划方案优化,即在原材料供应量、设备能力等条件的限制下,求得既满足社会需要,又能使企业获得良好的经济效益的生产方案。

为了建立求得最优生产方案的线性规划数学模型,要确定目标函数及了解对生产指标起影响作用的限制条件。例如,可以将获得最大利润或使总产值最大作为目标函数,而起影响作用的限制条件可以是关键设备的计划期有效工作时间,关键物资供应限额,市场对某种产品需要量的最大值或最小值等。现以简例说明数学模型的建立及其求解结果。

例:某企业经市场调查研究,决定生产甲、乙两种产品,其利润分别为甲 60 元/台,乙为 30 元/台。这两种产品对材料 P 的消耗量甲为 2 公斤/台,乙为 4 公斤/台;在关键设备 S 上加工的工时消耗甲为 3 小时/台,乙为 1 小时/台。现知材料 P 每月的供应限额为 600 公斤;设备 S 的有效工作时间为 400 小时/月;另外,甲产品需用配套元件 2 件/台,其供应量受协作单位的生产能力限制,不超过 250 件/月,问该企业如何组织生产才能获利最大。

根据以上条件,以使企业获利最大作为目标函数,设甲、乙两种产品的产量分别为 x_1 和 x_2(称为决策变量),建立线性规划数学模型如下:

目标函数:$\text{Max}Z = 60x_1 + 30x_2$

约束条件:

$$\begin{cases} 2x_1 + 4x_2 \leqslant 600 & (1) \\ 3x_1 + x_2 \leqslant 400 & (2) \\ 2x_1 \leqslant 250 & (3) \\ x_1, x_2 \geqslant 0 & (4) \end{cases}$$

以上数学模型写成一般表达式为:

目标函数:$\text{Max}Z = c_1x_1 + c_2x_2 + c_3x_3 + \cdots\cdots + c_nx_n$

约束条件:

$$\begin{cases} a_{11}x_1 + a_{12}x_2 + a_{13}x_3 + \cdots\cdots a_{1n}x_n \leqslant b_1 \\ a_{21}x_1 + a_{22}x_2 + a_{23}x_3 + \cdots\cdots a_{2n}x_n \leqslant b_2 \\ \cdots\cdots\cdots\cdots\cdots\cdots \\ a_{m1}x_1 + a_{m2}x_2 + a_{m3} + \cdots\cdots + a_{mn}x_n \leqslant b_m \\ x_i \geqslant 0 \quad i = 1,2,3,\cdots\cdots,n \end{cases}$$

其中:C_i, a_{ij}, b_j 是不全为零的常数。

2.数学模型求解

线性规划模型可以用图解法和单纯形法求解。

在企业中,用线性规划求最优生产方案,当产品品种很多(因此决策变量多),影响产品产量的限制条件也很多(因此约束条件也多)时,数学模型一般比较复杂,必须用单纯形法并借助电子计算机来求解。

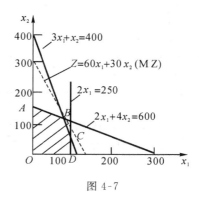

图 4-7

图解法可以解含有两个变量的线性规划问题。现用图解法解上例。

首先,在平面上画出约束条件所限定的区域,见图4-7。

约束条件(4)表示在 x_1 轴以上 x_2 轴右面的部分,即为第一象限。

按方程 $2x_1+4x_2=600,3x_1+x_2=400$,和 $2x_1=250$ 分别在图上作三条直线。由约束条件(1),(2),(3),(4)知限定的区域为一多边形 $OABCD$(图中的阴影部分),因为该区域内的点均满足约束条件,故称可行解,整个区域称为可行域。

多边形由直线构成,直线的交点是多边形的顶点,本例中为 A,B,C,D 四点。目标函数达到极值的最优解将在顶点上实现。

目标函数取某一常数 Z 时,也是一条直线,称为目标函数等值线 L,其方程为:

$$60x_1+30x_2=Z \quad 即 \quad x_2=\frac{Z}{30}-2x_1$$

改变 Z,直线斜率不变(-2),截距 $\frac{Z}{30}$ 将发生变化,得一簇斜率为 -2 的平行线,如图4-8所示。此目标函数等值线与可行域相交,则得可行解。由图4-7可看出等值线通过 B 点时,与可行域相切,此点即为最优解,目标函数在此点达到最大值。对应于 B 点的甲、乙两种产品产量为:甲产品 x_1 $=100$ 台,乙产品 $x_2=100$ 台。企业获得最大利润为:$Z=60$ $\times100+300\times100=9000$ 元。

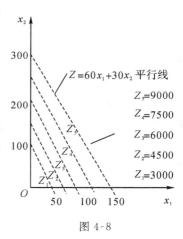

图 4-8

二、生产任务分配的匈牙利法

在生产管理工作中,例如在制订生产作业计划、分配生产任务时,会碰到这样的问题,如何将不同的任务在不同的工人(或班组)之间分配,使消耗的时间或费用最小。解决这类问题的简便而有效的方法为匈牙利法(由匈牙利数学家 U·Konig所提出的)。现举简例说明此法。

例:设有四项作业 A,B,C,D,分别交由甲、乙、丙、丁四个人去完成。规定每人承担其中一项作业,不同的人完成同一作业所花时间不同,见表4-7,求如何分配任务使所花时间最小。

表 4-7

时间\\作业 人员	作业			
	A	B	C	D
甲	4	5	3	6
乙	6	8	12	7
丙	13	16	11	10
丁	12	17	10	8

匈牙利法求解此问题的步骤如下：

第一步，列出矩阵，按表 4-7 列出四行四列矩阵。

行最小值

$$\begin{bmatrix} 4 & 5 & 3 & 6 \\ 6 & 8 & 12 & 7 \\ 13 & 16 & 11 & 10 \\ 12 & 17 & 10 & 8 \end{bmatrix} \begin{matrix} 3 \\ 6 \\ 10 \\ 8 \end{matrix}$$

第二步，将矩阵作行约简。在矩阵的每一行中选最小元素，然后将该行的各元素都减去此数，得到如下新矩阵。

$$\begin{bmatrix} 1 & 2 & 0 & 3 \\ 0 & 2 & 6 & 1 \\ 3 & 6 & 1 & 0 \\ 4 & 9 & 2 & 0 \end{bmatrix}$$

列最小值　　0　2　0　0

行约简是比较一名工人做不同作业时所花的时间，各行中减去最小值后的时间表示工人担任其他作业时，所多费的时间，每行中的"0"表示工人承担这项作业最有利。

第三步，作矩阵的列约简。对经过行约简后的矩阵中没有"0"的列再进行列约简，即从该列中选出最小元素，并将其他元素减去此数，得到新矩阵。

$$\begin{bmatrix} 1 & 0 & 0 & 3 \\ 0 & 0 & 6 & 1 \\ 3 & 4 & 1 & 0 \\ 4 & 7 & 2 & 0 \end{bmatrix}$$

第四步，检验是否已得最优分配方案。检验方法如下：作零覆盖线，即对有"0"的行和列，划上一条覆盖线，本例中可用三条线覆盖住所有零元素。

$$\begin{bmatrix} 1 & 0 & 0 & 3 \\ 0 & 0 & 6 & 1 \\ 3 & 4 & 1 & 0 \\ 4 & 7 & 2 & 0 \end{bmatrix}$$

能覆盖住所有零元素的最少覆盖线数称为维数，当覆盖线的维数等于矩阵的阶数时，可知已得最优分配方案，若维数小于阶数，再作调整。本例矩阵的阶数是 4，而维数为 3，因此还须调整。

第五步,调整。方法如下,找出所有没有被覆盖的元素中的最小值,这里是"1",将不在覆盖线上的元素都减去"1",而在有两根覆盖线交叉点上的元素加上"1",其余元素不变,得新矩阵。

$$\begin{pmatrix} 1 & 0 & 0 & 4 \\ 0 & 0 & 6 & 2 \\ 2 & 3 & 0 & 0 \\ 3 & 6 & 1 & 0 \end{pmatrix}$$

第六步,再作覆盖线,并检查是否已得最优方案。

$$\begin{pmatrix} \overline{1} & \overline{0} & \overline{0} & \overline{4} \\ \overline{0} & \overline{0} & \overline{6} & \overline{2} \\ \overline{2} & \overline{3} & \overline{0} & \overline{0} \\ \overline{3} & \overline{6} & \overline{1} & \overline{0} \end{pmatrix}$$

现在的最少覆盖线数为4,与矩阵阶数相等,可知已得最优分配方案。

第七步,确定最优分配方案。分配方法如下,按列(或行),对只有一个零元素的列(行)先分配(记△号),分配后,划去与该零元素同行(列)的其他零元素(记×号)。这样得分配结果为:

$$\begin{pmatrix} 1 & 0^{\triangle} & 0^{\times} & 4 \\ 0^{\triangle} & 0^{\times} & 6 & 2 \\ 2 & 3 & 0^{\triangle} & 0^{\times} \\ 3 & 6 & 1 & 0^{\triangle} \end{pmatrix}$$

即最优分配方案为:甲(B),乙(A),丙(C),丁(D)。总消耗工时为:5+6+11+8=30单位时间。

[案例思考三]

一次成功的产品开发研讨会

　　某军工企业计划开发一种新产品 W。该企业以前曾试制过 W 产品,当时由于军工生产任务太重,加之好几家企业都竞相生产,市场销路不佳,他们就停止试生产了。据说现在生产厂家减少了,销路已变好。W 产品的销售旺季是元旦至春节,平时虽有销路,但销售量要小得多;根据本企业历年任务的特点,从 10 月份到春节之间任务不饱满,而过去试制 W 产品的工艺装备又都完好地保存着。因此厂长和几个厂领导一碰头,准备花三天时间认真研究一下。

　　厂长把会议主题一宣布,大家都很高兴,说:"怎么我们就没有想到我们厂还有这个潜力?"

　　生产副厂长说:"生产 W 产品的设备,从几个车间调剂一下,再购几台主要设备,将劳动服务公司搬走后空下的车间改建一下,我们就能常年坚持搞 W 产品,平时留少量人搞,忙时多抽人搞。"

　　经营副厂长说:"现在,顾客的要求提高了,设计上要稍微改一下。"

　　接着大家七嘴八舌作了补充,很快就一致同意生产 W 产品。

　　然后大家议了议这件工作的各个组成部分及前后之间的关系,列表如下:

表 4-8

序号	作业名称	作业代号	紧前作业	作业时间(天)
1	产品开发初步决策	A	—	3
2	市场调查	B	A	10
3	筹　资	C	A	8
4	决策与确定规模	D	B、C	3
5	修改设计	E	D	20
6	设备调查	F	E	8
7	设备计划	G	F	3
8	工艺准备	H	E	20
9	设备采购	I	G	15
10	厂房改建	J	I	30
11	设备安装	K	J	10
12	试生产	L	K、H	10
13	生　产	M	L	30
14	建立销售渠道	N	M	10
15	投入市场	P	N	5

　　表中的作业是根据大家报的数字,由计划科长加以校核填上去的。这个表立即画到一

块黑板上,一时议论纷纷。有人说:"这要到什么时候才能生产出产品呀?"有人说:"大家一块干,多动员一些人,一定能完成。"

当按照此表把网络图画出来之后(见图 4-9),一算总工期要一百五十七天,显然赶不上销售旺季,这时有人说:"如果一百天搞不出来,就会大量积压。"

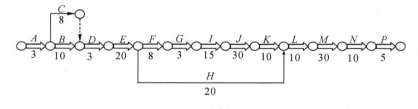

图 4-9

厂长要求大家动动脑筋,挖掘潜力,想办法把时间缩短。负责厂房改建的基建科长说:"我们刚才核计了一下,厂房改建工作可在二十天内完成。同时,厂房改建可以在设备采购之前或同时进行,只要在决策与确定规模 D、修改设计部分工作 E 及设备调查 F 之后就可进行。"

设备科长说,设备计划也与厂房改建一样,要在 D、E、F 之后进行。设备安装可提前两至三天。

刚刚被指定临时负责 W 产品的车间主任说:"W 产品以前我们搞过,改动不大的话,试生产需要五天时间,生产及建立销售也可以同时进行。"

有人马上说他们缩短的时间加到一起才十几天,不解决问题。

设备科长接着说,设备安装要在设备采购及厂房改建之后进行,但时间还可缩短两天左右。

负责设计的工程师认为:修改设计 E 可以划分为两个部分 E_1、E_2。E_1 需五天,在市场调查之后即可进行。E_2 则需在 E_1 完成后,工艺准备之前进行。

工艺科长认为:产品开发初步决策草案已经弄好了,只要花一天时间再审查整理一下即可完成。

工艺科长征求了有关车间主任意见后说,工艺准备工作可压缩五至八天。有人说工艺科长不懂网络图,指着网络图说:"工艺准备不在关键路线上,压缩它没有用。"工艺科长无言以对,场上顿时静下来了。几分钟后,有人说:"要不今年冬天做做准备工作,来年再干。"大有打退堂鼓之势。

厂长宣布休息半个小时,留下几个有关人员继续研究。半小时后,大家陆续回到会议室,只见厂长正在黑板上画网络图,厂长画完图后,对大家说:"一百天内完成 W 产品×××件是完全可能的……"并宣布会议到此结束,大家分头去干。

[复习思考题]

1.企业合理组织生产过程有哪些要求?

2.企业组织生产流水线应具备什么条件?

3.什么是企业生产能力？决定企业生产能力的因素有哪些？

4.提高生产效率有哪些途径？

5.企业编制生产计划与生产作业计划有什么作用？

6.某企业的平均日产量为2台,5月底该企业的成品累计出厂号数为210号,某机加工车间的生产周期是10天,出产提前期为20天(无保险期),经查核该加工车间五月初的累计投入数为220号,试计算机加工车间五月份的净投入量。

7.已知一批零件,批量为5个,经过四道工序加工,按照工艺顺序,各工序加工时间为5分、15分、10分、5分,试求在平行移动、顺序移动、平行顺序移动条件下的加工周期,并用示意图验证之。

8.某工程项目的作业时间和作业之间的关系如下表:

作业名称	A	B	C	D	E	F	G
紧后作业	BC	EF	D	F	G	G	—
作业时间(天)	12	14	10	7	6	8	6

(1)画出网络图;(2)计算结点时间;(3)确定关键路线及总工期。

9.某厂进行某项技术准备工作,已知各项作业时间及关系如表:

作业名称	A	B	C	D	E	F	G	H
紧前作业	—	—	A	A	BC	BC	DE	F
作业时间(天)	10	10	12	5	5	8	7	2

(1)绘制网络图;(2)计算结点时间;(3)求关键线路及总工期。

10.某企业通过市场调查及预测,确定生产甲乙两个品种,甲产品每吨需消耗原料3吨,主要设备2千台时,特定辅料每吨1公斤,乙产品每吨需消耗原料9吨,主要设备3千台时,不需特定辅料。该厂每月拥有的原料资源为31.5吨,主要设备12千台时,特定辅料3公斤。已知甲产品每吨收益2万元,乙产品每吨收益1万元,试求收益最大的产品结构。如果甲产品每吨收益为1万元,乙产品为2万元,结果是否一样？

11.设有四项作业A、B、C、D分别交由甲、乙、丙、丁四人完成,规定每人承担其中一项作业,各人完成作业所花的时间见表:

耗时 作业 工人	A	B	C	D
甲	10	5	6	12
乙	4	7	8	9
丙	16	19	14	13
丁	12	15	17	18

问:如何分配生产任务使所花时间最小？

职校生成长故事（五）

一年后洪波被提升为车间副主任，由于工作初洪波是做质量检验工作的，车间主任就让他分管产品质量。洪波知道，质量是企业生存之本，没有质量，就没有顾客，也就没有效益。年轻的洪波深感责任重大。

"初生牛犊不怕虎"。洪波虽然没有质量管理的经验，但有做质检工作的经历，凭着一股闯劲和工作热情，他坚信自己能管好车间产品的质量。接手工作后，洪波认真查阅了以往车间产品质量检验记录和质量分析资料，并用自学的质量管理知识，以因果图、直方图等工具对产品质量不稳定的原因作了科学的分析。在工作中，他采用控制图法对产品的质量实施实时控制，以及时了解产品质量的波动情况，并采用 PDCA 循环的方法，以不断改进与提高产品质量。

在洪波的管理下，机加工车间产品的质量逐步趋向稳定并略有提高。

第五章 企业质量管理

质量是企业的生存之本,没有质量,就没有顾客,也就没有效益,企业也将无法生存。随着科学技术的进步,生产力水平的不断提高,消费者对质量的要求在不断提高,质量竞争日趋激烈。"质量第一"已成为企业界的共同信念,大力开展质量管理已成为企业在竞争中取胜的重要手段。在我国,随着社会主义市场经济体制的建立和完善,"质量是企业的生命"这一理念已经为企业界所认同。质量竞争日趋激烈,质量管理在企业管理中的地位日渐重要,质量管理理论也不断发展和完善。

第一节 质量与质量管理

不断提高质量管理水平,积极推行全面质量管理,保证为社会提供品质优良的产品,是企业管理的一项重要内容。

一、质量的概念

质量有狭义的质量和广义的质量之分。狭义的质量是指产品质量,广义的质量除产品的质量外还包括工序质量和工作质量。

（一）质量含义

1. 产品的质量

产品质量是指"产品的适用性",这是美国著名质量管理专家朱兰博士从用户观点出发所做的定义,并以此来衡量产品在使用中成功地满足用户需求的程度。产品不同,对质量要求的表现也不同。例如,电视的质量表现为清晰度、稳定性、安全性等;洗衣机的质量表现为洗净度、磨损率、噪音等;服装的质量表现为款式、实用性、舒适性等。产品质量包括产品的内在质量特性和外观质量特性,概括起来有以下几点。

（1）性能:它是指产品满足使用目的所具备的技术特性,如产品的物理性能和化学成分,电视机的清晰度等。

（2）耐久性:是指产品的使用寿命,如彩色电视机显像管的使用时间。

（3）可靠性:是指产品在规定的时间和条件下完成规定任务的能力,即产品实现满足用户要求的能力。常用的衡量指标有工作时间、工作次数、平均故障率等。

（4）安全性:是指产品在操作或使用过程中对使用者和周围环境安全、卫生的保证程度。

（5）经济性:是指产品寿命周期总费用的大小。一般用使用成本、寿命周期成本等表示。

（6）外观:是指产品的造型、色泽、包装等外观质量特性,如汽车车身的大小、颜色、车座设计是否舒适等。

质量特性是反映产品质量的某种属性。质量特性值是反映质量特性所达到水平的数据（称为质量数据）。

2. 工序质量

工序质量是指由操作者、原材料、机器设备、加工方法、工作环境等综合作用下形成的产品质量。工序质量对产品质量起着直接的影响作用。

3. 工作质量

工作质量是指企业的管理工作、技术工作和组织工作达到产品质量标准的保证程度，指企业各方面工作的质量水平。产品质量是企业各部门工作质量的综合反映。

(二) 质量管理的含义

质量管理就是为了达到产品或服务质量标准而采取的一切手段，主要包括质量保证和质量控制两个方面的内容。质量保证是企业对用户的质量承诺；质量控制是指企业为了保证某一产品或服务的质量所采取的技术方法和有关活动，质量控制是质量保证的基础。

(三) 质量管理的发展阶段

1. 质量检验阶段

1940 年以前的质量管理，大致都属于这个阶段。在这个阶段，人们对质量管理的理解还只限于质量检验。就是说，采用各种各样的检验设备和仪器仪表，对零部件和成品进行全数检查，通过层层把关，防止不合格品流入下道工序或出厂。这种做法实质上是在产品中挑废品、划等级，属于事后把关，而不能在生产过程中起到预防、控制的作用。因此是被动、消极的做法。另外，对产品的全数检验，有时在技术上是不可能做到，在经济上也是不合算的。

2. 统计质量控制阶段

第二次世界大战开始，许多工厂转为生产武器弹药，单纯的质量检验适应不了战争的需要。美国等国家组织了数理统计专家，应用概率论和数理统计方法进行生产过程中质量控制，产生了显著的效果。在这一阶段中，从对产品质量的事后把关转到事先预防上，进行动态控制，有效地防止了废品的产生。但由于过于强调质量控制的数理统计方法，忽视了思想和组织等管理，从而限制了它的普及推广。

3. 全面质量管理阶段

这一阶段是从 20 世纪 60 年代开始，它是在统计质量控制的基础上进一步发展起来的。它重视人的因素，强调企业全员参加，全过程和各项工作都要进行质量管理。

二、全面质量管理

(一) 全面质量管理的含义

全面质量管理就是企业全体员工及有关部门同心协力，把专业技术、经营管理、数理统计和思想教育结合起来，建立起产品的研究、设计、生产、服务等全过程的质量体系，从而有效地利用人力、物力、财力、信息等资源，提供出符合规定要求和用户期望的产品或服务质量。

推行全面质量管理对保证和提高产品质量，改善经营管理，提高企业素质和经济效益，促进企业管理现代化具有十分重要的意义。全面质量管理的基本核心是提高人的素质，调动人的积极性，人人做好本职工作，通过抓好工作质量来保证和提高产品质量或服务质量。

（二）全面质量管理的特点

全面质量管理的特点可归纳为"三全、一多样"。

1. 全面质量管理是要求全员参加的质量管理

产品质量是企业各个生产环节、各个部门全部工作的综合反映。企业中任何一个环节、任何一个人的工作质量都会在不同程度直接或间接地影响着产品质量或服务质量。因此，必须把企业所有人员的积极性和创造性充分调动起来，不断提高人的素质，上自厂长，下至工人，人人关心产品质量和服务质量，人人做好本职工作，全体参加质量管理，只有经过全体人员的共同努力，才能生产出用户满意的产品。

2. 全面质量管理的范围是产品或服务质量产生、形成和实现的全过程

全过程的质量管理包括从产品的研究、设计、生产（作业）、服务等全部有关过程的质量管理。任何一个产品或服务的质量，都有一个产生、形成、实现的过程。要保证产品或服务质量，不仅要做好生产或作业过程的质量管理，还要做好设计过程和使用过程的质量管理。把产品质量有关的全过程各个环节都加以管理，形成一个综合性的质量体系。做到预防为主，防检结合，重在提高。为此，全面质量管理必须体现以下两个思想：

（1）以预防为主、不断改进的思想。优良的产品质量是设计和生产制造出来的，而不是靠事后的检验出来的，因为事后的检验已经面对着产品质量的既成事实了。根据这一基本道理，全面质量管理要求把管理工作的重点，从"事后把关"转移到"事先预防"上来。从管结果变为管因素，实行"预防为主"的方针，把不合格品消灭在它的形成过程之中，做到"防患于未然"。因此，在生产或服务过程中要采取各种措施，把影响产品质量或服务质量以及可能造成废、次品的有关因素都控制起来，形成一个能够稳定生产优质产品的质量体系。同时还要树立不断发现问题的意识，不断改进产品质量，才能满足人们物质和文化生活不断提高的需要。

当然，为了保证产品质量，防止不合格品出厂或流入下一道工序，加强质量检验在任何情况下都是必不可少的。以预防为主、不断改进的思想，不仅不排斥质量检验，甚至要求更加科学，特别是鉴于目前我国大多数企业的质量体系尚不完善，员工技术素质偏低的实际情况，企业的质量检验工作极需加强，行之有效的质量检验制度必须坚持。

（2）为用户服务的思想。用户有内部与外部之分：外部的用户可以是市场中的顾客、产品的经销者、消费者或再加工者；内部的用户即是企业工序之间的下道工序。实行全过程管理，要求企业所有工作环节都必须树立为用户服务的思想。在企业内部，要树立"下道工序就是用户"、"努力为下道工序服务"的思想。现代工业生产是一环扣一环，前道工序的质量会影响后道工序的质量。因此，要求每道工序质量，都要经得起下道工序"用户"的检验，满足下道工序的要求。有些企业开展的"三工序"活动：复查上道工序的质量，保证本道工序的质量，坚持优质、准时为下道工序服务。这就是为用户服务思想的具体体现。只有每道工序在质量上坚持高标准，都为下道工序着想，为下道工序提供最大的便利，企业才能目标一致地、协调地生产出符合规定要求和用户期望的产品。

3. 全面质量管理要求的是全企业的质量管理

"全企业"的含意就是要求企业各管理层次都有明确的质量管理活动内容。每一个企业中的质量管理，都可以分为上层、中层和基层的质量管理，其中每一个层次都有自己质量管理活动的重点内容。上层管理侧重于质量决策，制定出企业的质量方针、质量目标、质量政策和质量计划,并统一组织、协调企业各部门、各环节、各类人员的质量管理活动,保证实现企业的经营管理的最终目的;中层管理则要实施领导层的质量决策,运用一定的方法找出各部门的关键、薄弱环节或必须解决的重要事项,再确定出本部门的目标和对策,更好地执行各自的质量职能,对基层工作进行具体的业务管理;基层管理则要求每个员工都要严格地按标准、按规章制度进行生产,完成上一级分配下达的工作任务,相互间进行分工合作,互相支持协助,并结合岗位工作,不断进行作业改善。这样,一个企业就组成了一个完整的管理系统:企业的方针目标是自上而下一级一级地层层展开,纵向到底,横向到边,展开到全企业的所有部门、环节;然后,每个环节、部门再根据自己的实际情况,努力完成各自的工作去实现方针目标,来一个自下而上一级一级地层层保证,每一个基层部门都达到或超过了各自的目标值,最后就保证了上层质量目标的实现。

4.全面质量管理应采用多种多样的管理方法

随着现代科学技术的发展,对产品质量和服务质量提出越来越高的要求,影响产品质量和服务质量的因素也越来越复杂:既有物质的因素,又有人的因素;既有技术的因素,又有管理的因素;既有企业内部的因素,又有企业外部的因素。要把这一系列的因素系统地控制起来,全面管好,就必须根据不同情况,区别不同的影响因素,广泛、灵活地运用各种现代化管理方法加以综合治理。在运用科学方法过程中,应注意以下几点:

(1)尊重客观事实,尽量用数据说话。在质量管理过程中,要坚持实事求是,科学分析,尊重客观事实,尽量用数据说话。因为真实的数据既可以定性反映客观事实,又可以定量描述客观事实,给人以清晰明确的数量概念,就可以更好地分析问题、解决问题,纠正过去那种"大概"、"好像"、"也许"、"差不多"的凭感觉、靠经验、"拍脑袋"的工作方法。用数据说话,就要灵活运用各种数理统计方法,如下节介绍的排列图法、直方图法、控制图法、相关图法等。运用这些数理统计方法时,一定要注意因地制宜,尽量简化,可用简单的方法解决的问题,就不必应用复杂的方法,切忌追求所谓的"高级"、"深奥"和神秘化。这样,用事实和数据说话,灵活运用各种数理统计方法,就可以树立科学的工作作风,把质量管理建立在科学的基础上。

(2)遵循 PDCA 循环的工作程序。这是科学管理的基本方法,进行任何活动都必须遵循计划(P)、执行(D)、检查(C)、总结(A)这一套科学的工作程序,使其不断循环、不断提高。这是行之有效的科学方法,不仅适用于质量管理,也适用于其他方面的管理。

(3)广泛地运用科学技术的新成果。全面质量管理是现代科学技术和现代大生产发展的产物,所以应该广泛地运用科学技术的最新成果,如先进的专业技术、检测手段、电子计算机和系统工程、价值工程、网络计划、运筹学等先进的科学管理方法等。

上述所讲的"三全一多样",都是围绕着"有效地利用人力、物力、财力、信息等资源,生产出符合规定要求和用户期望的产品"这一企业目标。

三、质量保证体系

产品出厂以后,企业必须对其生产的产品由于质量问题对用户造成危害和损失负经济上和法律上的责任。质量保证是指生产企业对用户(消费者)在产品质量方面提供的担保,保证用户购得的产品在寿命周期内质量可靠,使用正常。为了做到真正的质量保证,就要求企业加强质量管理,建立和健全质量保证体系。

质量保证体系是指企业以保证和提高产品质量为目标,运用系统的原理和方法,建立必要的组织机构,把各部门、各环节的质量管理活动严密地组织起来,形成一个有明确任务、职责、权限,相互协调、相互促进的质量管理有机整体。

1.质量保证体系的建立

建立和健全质量保证体系,必须做好以下工作:

(1)加强统一领导,建立全面的质量管理网络,贯彻质量责任制;

(2)确定质量目标(长期目标、短期目标);

(3)制定质量方针(质量第一、用户第一、服务第一);

(4)编制质量计划;

(5)推行质量管理业务标准化(程序标准、工作标准);

(6)加强质量意识教育,积极开展质量管理小组活动;

(7)建立质量信息反馈系统。

2.质量保证体系运转的方式

质量保证体系是按 PDCA 循环运转的,即一项工作的开展要经历计划—实施—检查—处理四个阶段,这四个阶段是按照八个步骤进行的,如表 5-1 所示。

表 5-1

阶 段	步 骤
1.计划 P	①分析现状,找出存在的质量问题
	②分析产生质量问题的原因
	③找出影响质量的主要原因
	④根据主要原因,制订计划、对策
2.实施 D	⑤组织实施和执行
3.检验 C	⑥检查计划执行情况
4.总结 A	⑦总结经验,制订标准
	⑧将遗留问题转入下一循环

3.PDCA 循环的特点

(1)PDCA 循环是不断的循环,每一次循环都使产品质量提高一步,如图 5-1 所示。

(2)大循环套着小循环,彼此协同,互相促进。

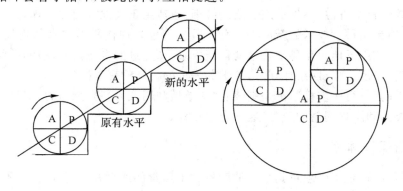

图 5-1

(3)PDCA 循环是一个综合性循环,四个阶段的划分是相对的,在实际工作中往往是边计划、边实施,边检查、边总结。

第二节　质量管理常用的方法

在生产制造过程中,产品质量是波动的。为了把这种质量波动程度控制到最小,使质量符合标准,就要充分和灵活地运用质量控制的统计方法。质量管理中的统计方法是根据概率论、数理统计等原理,采用科学的抽样调查和统计方法,通过数据的收集、整理和分析,形成一套图表,然后根据图表来推断产品总体的质量形态,最后达到控制质量的目的。

一、因果分析图法

1. 因果图及其作用

因果图是表示质量特性与原因关系的图,又称鱼刺图、树枝图、石川图、要因图等。用因果图来分析造成某种质量问题原因的方法,称为因果分析图法。这种方法要采取质量分析会的方式,集思广益,列出影响质量的因素,有系统地分出不同的层次,形象地描述它们的因果关系。

2. 因果图的绘制步骤

(1)确定要分析研究的某个质量问题,画一条带箭头的主干,将要分析的质量问题写在箭头右面。

(2)分析影响该质量问题的原因(一般从操作者、机器、原材料、加工方法、环境等方面着手),然后再从各方面寻找细小原因,作为分支并画到图上。

(3)在众多原因中,找出主要原因,画上方框,作为今后主攻方向。

例如某企业在生产轴颈时,影响轴颈不合格的主要因素是轴颈上出现刀痕,产生刀痕的主要原因经分析可画成如图 5-2 所示因果图。

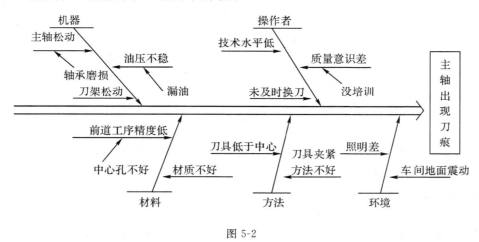

图 5-2

二、排列图法

排列图法是运用排列图来分析造成质量问题的主要因素的一种方法。它是 ABC 分析法"抓关键的少数"在质量管理中的运用。

排列图由两个纵坐标、一个横坐标、若干个直方形和一条曲线组成。左面的纵坐标表示有某种质量问题的产品件数,称频数;右面的纵坐标表示各类因素的累计百分比;横坐标表示影响质量的各种因素,按影响程度大小从左到右排列,直方形的高度表示某个因素影响的大小;曲线表示各影响因素的累计百分比,称为累计百分比曲线。在累计百分比 80%、90% 和 100% 处分别画三条与横坐标平行的虚线,将图分成三个区域,凡累计百分比在 0%~80% 的因素,称为主要因素;累计百分比在 80%~90% 的因素,称为次要因素;累计百分比在 90%~100% 的因素,称为一般因素。

例:某企业加工轴颈的不合格品统计数如表 5-2。

表 5-2

原因	数量(件)	比率(%)	累计百分比(%)
轴颈刀痕	153	71.8	71.8
开档大	29	13.6	85.4
轴颈小	25	11.8	97.2
弯曲	6	2.8	100.0
合计	213	100.0	

根据表中的统计资料,就可以画出它的排列图如图 5-3 所示。

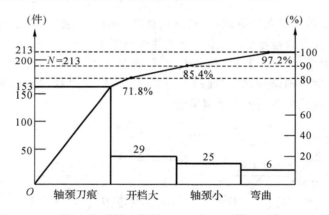

图 5-3

从图 5-3 中明显地看出,轴颈上出现刀痕是影响轴颈不合格的主要因素,如果解决了这个质量问题,就可以降低不合格品率 71.8%。

制作排列图,应该注意以下事项:

(1)一般来说,主要因素以一至两个为宜,至多不超过三个。

(2)当项目较多时可以把频数少的项目合并成"其他"一项,排在最后。

(3)纵坐标频数可以用"件数"表示,也可用"金额"、"时间"等表示。

(4)注意图形完整,检查是否遗漏,如检查直方上频数、总数 N、曲线、项目名称、主要因素等是否都标出。

三、直方图法

（一）产品质量波动

产品是由各道工序加工而成的。由于每道工序的操作者、机器、材料、工艺技术等因素在不断变化，因此，即便是同一种产品在同样的设备由同样的员工加工，其质量也是有差异的，这种差异表现为产品质量的波动。

产品质量的波动按照原因不同，可以分为正常波动和异常波动。

1. 正常波动

正常波动是由一些偶然因素、随机因素引起的质量差异。如设备、刀具的正常磨损，机床的微小振动，材料的微小变化等。这些波动是大量的、经常存在的，同时也是不可能完全避免的。

2. 异常波动

异常波动是由一些系统性因素引起的质量差异。如原材料质量不合格、工具过度磨损、机床振动太大等。这些波动带有方向性，质量波动较大，使工序处于不稳定或失控状态。这是质量管理中不允许出现的波动。

（二）直方图的绘制

直方图法是通过对数据的加工整理，画出直方图，从而分析和掌握质量数据的分布情况和估算工序不合格品率的一种方法。

在相同的工艺条件下，加工出来的产品质量不完全相同，总是在一定范围内波动。直方图就是反映质量数据分布的一种图表，它是把数据整理后，将全部数据分为若干组，画出以组距为底边，以频数（件数）为高的若干矩形所组成的图。根据直方图，可以分析加工的零部件或产品质量是否稳定，判断生产过程是否稳定，预测质量波动的趋势，并且能估算出不合格品率，以便及时发现问题，采取控制措施。

例：某员工在同一车床上加工一批零件，工艺要求为 $\phi 9 \pm 0.5$ mm，随机取样 100 件，根据测得数据画出直方图。

1. 取得数据（见表 5-3）

表 5-3

9.10	9.08	8.72	8.82	8.96	8.93	8.98	8.82	8.92	8.86
8.92	9.12	8.91	8.87	8.74	8.77	8.95	8.79	9.04	8.79
8.95	8.99	8.94	8.86	8.94	9.08	8.97	8.91	8.84	8.79
8.91	8.69	9.05	8.95	8.89	9.27	8.86	8.85	9.18	9.03
8.81	8.95	8.52	8.79	8.85	8.82	8.83	9.09	9.07	8.85
8.89	8.91	8.93	8.64	8.85	8.99	9.28	8.95	8.77	8.96
8.94	9.06	9.34	9.14	8.98	9.18	8.77	9.19	8.89	9.26
8.72	9.05	8.83	8.75	8.94	8.67	8.09	9.02	9.16	8.75
9.17	9.15	8.81	9.15	9.08	8.97	9.04	8.63	8.87	9.08
9.21	8.73	9.02	9.47	9.17	8.85	9.27	9.39	9.27	9.19

2. 从全部数据中找出最大值 L 和最小值 S

从表中可知：$L = 9.47$，$S = 8.52$。

3.把全部数据划分为若干组,组数为 K

本例选 $K=10$。表 5-4 是经验分组数确定的参考依据。

表 5-4

数据的数量(m)	适当的组数(K)	一般使用的组数(K)
50~100	6~10	
100~250	7~12	10
250 以上	10~20	

4.计算组距 h

组距即组与组之间的间隔距离,也就是一组的宽度。

计算公式为:

$$h=\frac{L-S}{K}$$

本例组距为:

$$h=\frac{9.47-8.52}{10}=0.094\approx0.1(mm)$$

5.确定各组的上下界

第一组上下界为 $S\pm\frac{1}{2}h$,第二组下界=第一组上界,第二组上界=第二组下界+h,其余各组以此类推。

本例,第一组下界=$8.52-\frac{1}{2}\times0.1=8.47(mm)$

第一组上界=$8.52+\frac{1}{2}\times0.1=8.57(mm)$

由于第一组的上下界的最小单位正好与测量的最小单位(0.01)相同,为了避免有些数据正好落在各组的界线上,现将第一组的下界和上界分别改为 8.475mm 和 8.575mm。

第二组的下界=第一组的上界=8.575

第二组的上界=8.575+h=8.575+0.1=8.675

其余各组以此类推。

6.作频数分布表

计算各组频数,即在各组内出现的零件数。

7.作直方图

以组距为底边,以该组相应的频数为高,按比例构成的若干矩形,即为直方图(如图5-4)。

(三)直方图的分析

1.对照图形形状分析

正常的直方图图形呈中间高,两侧渐渐低的形状,除此之外,都是不正常图形(如图5-5)。

(1)对称型:中间高、两边低,基本对称。说明工序处于稳定状态。

(2)锯齿型:大量出现参差不齐,但整个图形整体还是中间高、两边低、左右基本对称。造成这种情况往往由于分组过多,测量仪器、方法或读数不准确所致。

(3)偏向型:直方图的顶峰偏向一侧。这是员工的加工习惯造成的。

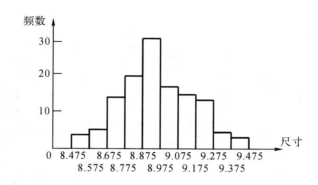

图 5-4

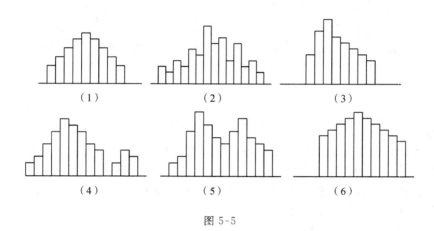

图 5-5

(4)孤岛型:在远离主分布中心的地方出现小的直方,形成孤岛。说明在短时间内有异常因素在起作用。

(5)双峰型:图形有两个峰。往往是由于将不同的加工者、不同机床、不同操作方法等加工的产品混在一起造成的。

(6)平顶型:直方图呈平顶,往往是由于生产过程中有缓慢变化的因素在起作用所造成的。

2.对照公差界限比较分析

在图 5-6 中,T 表示公差范围,B 表示产品或零件质量特性值的实际分布范围,两者关系有以下几种情况:

(1)理想型:直方图在公差上下界限之内,两端都留有适当余地,B 和 T 的中心基本重合。

(2)偏心型:虽然 B 在 T 界限内,但 B 中心偏离 T 的中心,有超差的可能。

(3)无富裕型:B 和 T 相等,两端毫无余地,一不小心就会超差。

(4)瘦型:公差范围 T 过分大于实际范围 B,这样不经济。

(5)陡壁型:B 中心过分偏离 T 的中心,造成了超差或废品,图形剔除不合格部分,形如陡壁。

(6)胖型:B 和 T 的中心虽重合,但 $B>T$,造成超差。

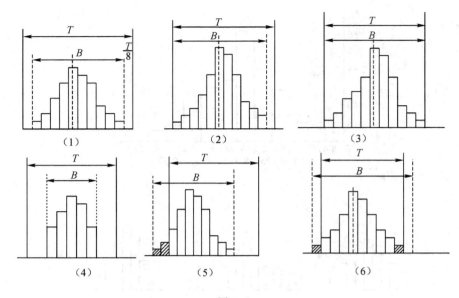

图 5-6

3.工序能力分析

工序能力是指在一定的生产技术条件下,当生产处于稳定状态时所具有的加工精度,即工序处于稳定状态下的实际生产能力。工序能力大小以 6 倍标准差 6 表示。

标准差是反映数据离散程度的指标值,它等于每个变量值 x 与数据平均值 $\bar{x}$ 离差的算术平均数的平方根。计算公式如下:

$$平均值\ \bar{x} = \frac{\sum xf}{\sum f}$$

$$标准差\ 6 = \sqrt{\frac{\sum(x - \bar{x})^2 \cdot f}{\sum f}}$$

工序能力指数是产品公差范围 T 与工序能力 B 之比,反映该道工序的加工精度满足公差要求的程度,一般用 C_P 表示。其计算公式如下:

$$C_P = \frac{T}{B} = \frac{T}{6\sigma} = \frac{T_U - T_L}{6\sigma}$$

式中:T——公差范围;T_U——公差上限;T_L——公差下限。

由公式可知,在公差(T)一定的情况下,C_P 值太小,说明 σ 很大,则该工序生产的产品质量波动大,不能满足技术要求,如果 C_P 值过高,意味着 σ 很小,则说明加工成本很高,出现粗活细作的现象。所以,C_P 值并非越大越好。工序能力指数多大才合适,其基本准则是:在满足技术要求的前提下,使加工成本越低越好。从大多数企业的实践来看,一般 C_P 值在 1~1.33 比较合适。

工序能力的判断与处理,可根据表 5-5 所示准则来进行。

表 5-5

C_P	工序能力判断	判断标准
$C_P>1.67$	工序能力过高	可用于贵重零件加工。对于一般零件应考虑放宽检验,避免加工成本过高
$1.33\leqslant C_P<1.67$	工序能力足够	工序能力较为理想,加工精度能够满足公差要求。如果不是重要工序,可放宽检查
$1.00\leqslant C_P<1.33$	工序能力够用	一般可用,但要加强控制,注意检查,否则容易出现不合格品
$0.67\leqslant C_P<1.00$	工序能力不足	已出现不合格品,应查明原因,采取措施,加强工序控制
$C_P<0.67$	工序能力严重不足	表示工序能力已经严重不足,已出现大量废品,应立即停产整顿,采取措施提高工序能力

四、控制图法(管理图法)

1. 控制图及其构成

控制图是一种带有控制界限的图。用控制图来研究生产过程是否处于稳定状态并对在制品进行质量控制的方法称为控制图法。

控制图的基本图形如图 5-7 所示。

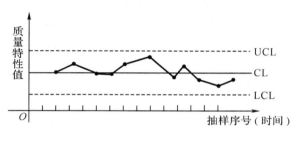

图 5-7

横坐标为抽样序号(或时间),纵坐标为质量特性值(或尺寸)。图上有三条与横坐标平行的线,中间一条称中心线 CL,用实线表示,上面一条称上控制线 UCL,下面一条称下控制线 LCL,均用虚线表示。

2. 用控制图对在制品进行质量控制

在生产过程中,定期地抽样,将测得的数据用"点"描在图上。如果"点"落在控制界限之内,且"点"的排列无缺陷,则表明生产过程正常,不会产生废品。如果"点"越出控制界限,或"点"虽未跳出控制界限但却有排列缺陷,则表明生产条件发生了较大变化,要出问题。这是个信号,应及时采取措施,使生产过程恢复正常。

所谓"点"排列有缺陷,指以下几种情况:

(1)连续 7 点或 7 点以上在中心线的一侧;或连续 11 点中至少有 10 点在一侧,连续 14 点中至少有 12 点在一侧,连续 17 点中至少有 14 点在一侧,连续 20 点中至少有 16 点在一则,如图 5-8(a)。

(2)连续 7 点或 7 点以上点呈现持续上升或下降趋势,如图 5-8(b)。

(3)连续 3 点中有 2 点接近控制线,如图 5-8(c)。

（4）点呈周期性波动，如图 5-8(d)。

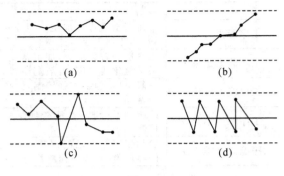

图 5-8

例：试说明图 5-9 所示控制图所反映的工序状态。

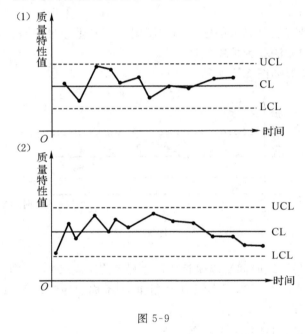

图 5-9

解：（1）控制图所反映的工序异常，因为图中有连续三点中有两点靠近控制线。

（2）控制图所反映的工序异常，因为图中有连续 7 点呈持续下降趋势。

五、相关图法

相关图法又叫散布图法，是用来分析两种质量特性值之间相关关系的一种统计方法。

相关关系是现象之间确实存在着的，但关系数值不固定、不严格的相互依存关系。当一个变量的数值发生变化，另一个变量也相应发生数量变化，但其关系值不是固定的，往往可能出现几个不同的数值，在一定的范围内变动着，这些数值分布在它的平均数周围，则称这类变量之间的关系为相关关系。在质量控制中淬火温度与工件硬度的关系，机械加工中的切削进刀量与加工精度之间的关系，等等，都是相关关系。通过相关分析，可以判断是何种相关关系以及相关的程度,可以通过一个变量的变动估计另一个变量的数值。相关图法正是研究相关关系的一种方法。

(一)相关图的绘制

先收集数据,然后在坐标里画相关图。以横坐标为自变量(X),纵坐标为因变量(Y)。将各组数据在坐标系里描出一个个相关点,即为相关图。

例:某产品加工淬火硬度(Y)与淬火温度(X)的数据如表 5-6 所示。

表 5-6　淬火硬度与淬火温度数据表

序号	淬火硬度(X)	淬火硬度(Y)	序号	淬火温度(X)	淬火硬度(Y)
1	825	46	11	840	44
2	870	55	12	890	60
3	855	48	13	860	56
4	890	64	14	865	58
5	895	62	15	875	53
6	880	60	16	877	58
7	892	64	17	835	47
8	857	48	18	878	54
9	886	59	19	868	47
10	871	52	20	863	56

根据表中资料作相关图如图 5-10 所示。

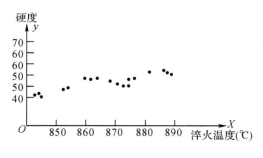

图 5-10

(二)相关图分析

典型的相关图主要有 6 种,如图 5-11 所示。

上例产品的淬火硬度(Y)随着淬火温度(X)的增加而增加,两者之间存在明显的线性正相关关系。

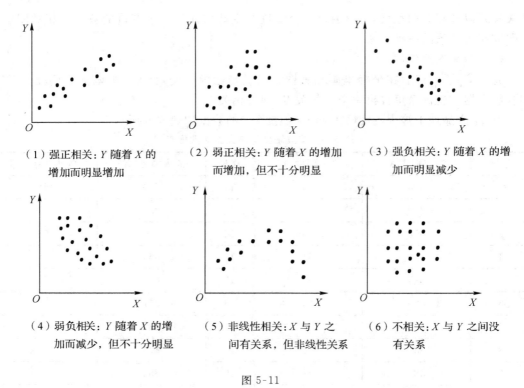

（1）强正相关：Y 随着 X 的　　　（2）弱正相关：Y 随着 X 的增加　　　（3）强负相关：Y 随着 X 的增
　　增加而明显增加　　　　　　　　而增加，但不十分明显　　　　　　　加而明显减少

（4）弱负相关：Y 随着 X 的增　　　（5）非线性相关：X 与 Y 之　　　（6）不相关：X 与 Y 之间没
　　加而减少，但不十分明显　　　　　间有关系，但非线性关系　　　　　有关系

图 5-11

第三节　质量认证和 ISO9000 系列标准

产品质量认证是现代工业发展和市场完善带来的产物。消费者在购买商品时需要对产品质量作出判断，但有时由于产品的复杂性或消费者缺乏专业知识，无法对产品质量作出认定，而厂商所作出的有关产品质量的"声明"或"说明"又无法取得消费者的信任，在这种情况下，由第三方认证产品质量的现代质量认证制度便产生了。

一、产品质量认证

（一）产品质量认证的概念

认证的原意是指由授权机构出具的证明。产品质量认证是指由第三方即认证机构依据程序对产品或服务是否符合特定标准或其他技术规范进行审核和评定。其要点如下：

①认证的对象是产品或服务的质量；

②认证方法是颁发认证证书或认证标志；

③认证单位是第三方认证机构；

④认证基础是认证机构制定的各种标准。

（二）产品质量认证的分类

1. 按认证性质分，可分为安全认证和合格认证

（1）安全认证是一种强制性认证，是对关系到国计民生的重要产品、有关人身安全和健

康的产品的质量进行认证。

（2）合格认证是指必须符合《标准化法》规定的国家标准或行业标准的要求。

2. 按认证范围分,可分为国家认证、区域认证和国际认证

（1）国家认证是指各国对国内产品实行的认证。

（2）区域认证是指由若干个国家和地区,按照自愿的原则自行组织起来,按照共同认定的技术标准或规范进行的认证。

（3）国际认证是指参与国际标准化组织（ISO）,按照 ISO 标准进行的认证。

二、我国的产品质量认证制度

1991 年 5 月 7 日,国务院颁发了《中华人民共和国产品质量认证管理条例》。这是我国产品质量认证的法制文件,其要点如下:

1. 国务院标准化行政管理部门统一管理全国的质量认证工作。

2. 产品质量认证委员会负责认证工作的具体实施。产品质量认证委员会由国务院标准化行政管理主管部门直接设立,或授权国务院其他行政部门设立,由各有关部门专家组成。

3. 企业对有国家标准或行业标准的产品,可向有关产品质量认证委员会申请认证。

4. 产品质量认证分为安全认证和合格认证。

5. 对已获认证的产品和企业实行定期法定的检查监督。

6. 我国质量认证机构主要有:中国方圆标志认证委员会、中国电子元器件质量认证委员、中国电工产品质量认证委员会。

（1）中国方圆标志认证委员会（简称 COM）成立于 1991 年 9 月 17 日,是由国家技术监督局直接设立的第三方国家认证机构。认证范围包括有形产品和无形产品,认证标志为方圆标志,分为安全认证和合格认证。其认证标志如图 5-12 所示。

合格认证

安全认证

图 5-12

（2）中国电子元器件质量认证委员会（QCCECC）成立于 1981 年 4 月,其认证范围主要包括电子元器件。

（3）中国电工产品认证委员会（CCEE）成立于 1984 年 10 月,其认证范围为家用电器、电动工具、电缆等。

三、质量审核

1. 质量审核的概念

质量审核是确定质量活动和有关结果是否符合计划安排,以及这些安排是否有效实施,是否达到预定目标的有系统的、独立的检查。也就是对产品的生产企业质量保证体系或质量保证能力进行检查和评定,其目的是证实企业具备持续、稳定地生产符合质量标准要求的产品的能力。

这种审核是由独立、公正的审核员将受审方的审核证据(可验证的信息、记录、陈述)与有关标准(如质量手册、程序文件等)进行比较,以发现受审方的质量体系(要素、产品和劳务)是否存在问题,并得出审核结论,写出审核报告。

2.质量审核的特点

(1)质量审核是对质量体系或者对构成质量体系的要素、过程、产品或劳务的检查,亦称为质量体系审核或产品质量审核;

(2)审核由与被审核方无直接责任或无直接联系的审核人员来进行;

(3)审核的目的是评价是否需要采取改进或纠正措施,不同于产品验收的"质量监督"或"检验"。

3.质量审核的种类

(1)第一方审核,即内部审核。

(2)第二方审核,是制造商对供应商的审核,或跨国公司对其子公司的审核。

(3)第三方审核,是由认可机构授权或许可权威机构进行的审核。

四、质量保证系列标准

随着国际间经济合作和贸易往来的日益增多,国际标准化组织在 1987 年发布了 ISO9000《质量管理和质量保证》系列标准。它一产生,就得到了世界各国的认同和采用。1994 年国际标准化组织又对该标准进行了修订,使其内容进一步完善,我国已等效全部采用了该标准。制定了 GB/T19000-ISO9000《质量管理和质量保证》双编号系列国家标准。

(一)ISO9000 系列标准的内容

ISO9000 系列标准是通用的标准,是得到世界各国普通承认的一种规范。ISO9000 系列标准分为五个组成部分:ISO9000、ISO9001、ISO9002、ISO9003、ISO9004。分别介绍如下:

1.ISO9000:《质量管理和质量保证——选择的使用指南》,它主要阐述在选择和使用系列标准中的一些问题。

2.ISO9001:《质量体系——设计/开发、生产、安装和服务的质量保证模式》,包括了企业全部活动的总标准,该模式要素最多,所需费用也最多。

3.ISO9002:《质量体系——生产和安装的质量保证模式》,该模式要求供方提供具有保证产品制造和安装服务过程质量能力的足够证明,所包括的要素要少一些,所需投入的费用中等。

4.ISO9003:《质量体系——最终检验和试验的质量保证模式》,该模式要求供方提供保证出厂的每个产品都经过严格的检验或试验的足够证据,该模式包括的要素最少,所需费用也最少。

5.ISO9004:《质量管理和质量体系要素指南》,它主要阐述质量管理和质量体系的目标和任务。

（二）企业推行 ISO9000 的作用

1. 强化质量管理，提高企业效益；增强客户信心，扩大市场份额

负责 ISO9000 质量体系认证机构都是经过国家机构认可的权威机构，对企业的质量体系的审核是非常严格的。这样，对于企业内部来说，可按照经过严格审核的国际标准化的质量体系进行质量管理，真正达到法治化、科学化的要求，极大地提高工作效率和产品合格率，迅速提高企业的经济效益和社会效益。对于企业外部来说，当顾客得知供方按照国际标准实行管理，拿到了 ISO9000 质量体系认证证书，并且有认证机构的严格审核和定期监督，就可以确信该企业是能够稳定地生产合格产品乃至优质产品的信得过的企业，从而放心地与企业订立供销合同，这样就扩大了企业的市场占有率。可以说，在这两方面都收到了立竿见影的功效。

2. 获得了国际贸易"通行证"，消除了国际贸易壁垒

许多国家为了保护自身的利益设置了种种贸易壁垒，包括关税壁垒和非关税壁垒。其中非关税壁垒主要是技术壁垒，技术壁垒中又主要是产品质量认证和 ISO9000 质量体系认证的壁垒。特别是在"世界贸易组织"内，各成员国之间相互排除了关税壁垒，只能设置技术壁垒，所以，获得认证是消除贸易壁垒的主要途径。

3. 节省了第二方审核的精力和费用

在现代贸易实践中，第二方审核早就成为惯例，并逐渐发现其存在很大的弊端：一方面，供方通常要为许多需方供货，第二方审核无疑会给供方带来沉重的负担；另一方面，需方也需支付相当的费用，同时还要考虑派出或雇佣人员的经验和水平问题，否则，花了费用也达不到预期的目的。而 ISO9000 认证可以排除这样的弊端。因为作为第一方的生产企业申请了第三方的 ISO9000 认证并获得了认证证书以后，众多第二方就不必要再对第一方进行审核了，这样，不管是对第一方还是对第二方都可以节省很多精力和费用。

4. 在产品质量竞争中永远立于不败之地

国际贸易竞争的手段主要是价格竞争和质量竞争。由于低价销售的方法会使利润锐减，如果构成倾销还会受到贸易制裁，所以，价格竞争的手段越来越不可取。20 世纪 70 年代以来，质量竞争已成为国际贸易竞争的主要手段，不少国家把提高进口商品的质量要求作为限入奖出的贸易保护主义的重要措施。实行 ISO9000 国际标准化的质量管理，可以稳定地提高产品品质，使企业在产品质量竞争中永远立于不败之地。

5. 有效地避免产品责任

各国在执行产品质量法的实践中，由于对产品质量的投诉越来越频繁，事故原因越来越复杂，追究责任也就越来越严格。尤其是近几年，发达国家都在把原有的"过失责任"转变为"严格责任"法理，对制造商的安全要求提高了很多。例如，工人在操作一台机床时受到伤害，按"严格责任"法理，法院不仅要看该机床机件故障之类的质量问题，还要看其有没有安全装置，有没有向操作者发出警告的装置等。法院可以根据上述任何一个问题判定该机床存在缺陷，厂方便要对其后果负责赔偿。但是按照各国产品责任法，如果厂方能够提供 ISO9000 质量体系认证证书，便可免赔，否则，一旦败诉将受到重罚。随着我国法治的不断完善，企业界应该对"产品责任法"高度重视，尽早防范。

6.有利于国际经济合作和技术交流

按照国际经济合作和技术交流的惯例,合作双方必须在产品(服务)质量方面有共同的语言、统一的认识和共守的规范,方能进行合作与交流。ISO9000 质量体系认证正好提供了这样的信任,有利于双方迅速达成协议。

［案例思考四］

"海尔人"永恒的魅力

　　企业的出路在市场,市场对企业而言就是"战场"。因为世上没有无限的市场,任何产品和服务的市场均是相对有限的。

　　在当今市场上,每一行业中每一种产品的生产和销售都共存着一对对、一组组"不共戴天"的企业,进行着极为激烈的竞争。实际上这一对对、一组组的竞争者,实力相当接近,企业规模、财力和"野心"都旗鼓相当,而且产品技术质量亦在伯仲之间,难分高低。这些竞争实际上已不仅是"物质"的竞争——质量和价格的竞争,而且是非物质的竞争——企业形象与企业战略谋划的竞争。随着企业经营环境的复杂化和新技术的蓬勃发展,企业能否在激烈的市场竞争中树立良好的企业形象,关键就在于能否制定出适应外部环境变化的战略理念。当然,制定企业的战略理念,企业领导必须具有战略眼光和超前意识,青岛电冰箱厂的发展壮大就是其中成功的一例。

　　1984年初,青岛电冰箱厂成立时,厂长张锐敏对国外的电冰箱行业及中国内地厂家进行了全方位的考察和纵横比较,以战略家的眼光和企业家的胆略预言:一两年之后,国内冰箱发展趋势是200升以上的大容积,我们愿冒超前几步的风险。于是,以张锐敏为首的海尔人选择和制定了"'唯一'和'第一',领导国内冰箱新潮流"的战略理念,并为之奋斗。他们首先决定与德国利勃海尔公司合作,生产亚洲尚无人问津的202升四星级豪华冰箱。7月,琴岛—利勃海尔诞生。1985年,第一批产品投入市场,并参与了国际市场竞争。1986年,全国唯一的四星级冰箱从冰箱海尔中脱颖而出,将我国同世界先进水平的差距缩短了一二十年,打破了西方制冷专家"中国生产此类产品至少需要5年"的预言,掀开了中国冰箱生产史上新的一页。

　　高起点的"唯一"理念,使海尔人坚定了争第一的信心。他们看到,在中国这片1954年就诞生了第一台电冰箱的土地上,30多年来,国优金牌的称号却始终空缺。为了争取中国冰箱史上"第一"的这枚金牌,海尔人下决心一定要生产出质量第一的产品。他们制定了严密的质量保证体系,实行高标准、严考核、重处罚的管理制度,如生产一台合格冰箱,计件奖为0.4元;而出现一台废品,则重罚40元。"宁可出一台一等品,不出十台二等品"的格言成了他们的质量标准。1988年,琴岛—利勃海尔终于问鼎国优金牌宝座。

　　有这样一个小故事:崂山一位老红军连续3次给厂里写信,反映冰箱有噪音。厂里派人登门检查,一切正常;第二次携带仪器测试,仍无问题;第三次厂长亲自上门,老人终于道出真情。原来因为包装箱上的出厂日期与检验单上的出厂日期不符引起了他的怀疑,故出此难题。当老人满怀歉意之时,厂里包装箱与检验单工作程序已做出了调整。

　　具有超前意识的战略理念,使青岛冰箱厂具备了在有限市场需求下争取有利地位的机会。1988年,我国市场上出现了罕见的抢购风潮,而1989年,又出现了市场疲软,家电滞销已露端倪,电冰箱更是销势猛跌。各冰箱厂为增加冰箱销量,优惠战随之而起:价格缩水、有奖销售、让利销售、免费送货、终身保修等,五花八门的招数使尽了,依然无人问津,我国冰箱行业面临严重危机。全国冰箱商业库存已超过 100 万台,企业积压近 40 万台,经办人目睹了盛夏冰箱市场的萧条后,不无悲观地断言:1989 年,是中国冰箱业"最后的夏季"。

然而,就在这一年,青岛电冰箱厂的琴岛—利勃海尔却独领风骚,如日中天,成为全国唯一价格上调、产销两旺的冰箱产品。产值、利税比 1988 年分别增长 33% 和 48.2%。他们不但荣获全国企业改革创新奖"风帆杯",还通过了国际一级企业预考评和国家质量管理奖的资格审定。琴岛—利勃海尔 BCD-212 型电冰箱在这一年第四次国际中标。至 1999 年海尔产品已获 ISO9002 认证。面对荣耀,青岛海尔第一人、公司董事长张锐敏自豪地说"是'唯一'和'第一'赋予琴岛—利勃海尔以永恒的魅力。"

目前,海尔公司已是一个经营多元化的跨国公司,海尔品牌已家喻户晓。

[复习思考题]

1. 如何理解质量管理中质量的概念?

2. 全面质量管理的特点表现在哪些方面?

3. 某服装厂西服创优 QC 小组,对不合格产品进行了分析统计如下:袖子不圆顺 47 件,腋下不平 28 件,肩翘 12 件,后背不平 5 件,其他原因 8 件,请画出排列图,并找出主要原因。

4. 下列控制图反映的工序处于何种状态,为什么?

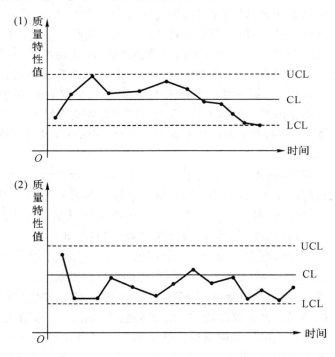

5. 为什么要进行 ISO9000 认证?

职校生成长故事（六）

　　由于车间王主任的辞职，厂部决定先由洪波主持机加工车间的工作。

　　一天，磨床组组长报告有两台磨床精度已达不到生产的要求，基本上无法进行生产，洪波意识到生车间不仅要管生产、管质量，还要管机器设备。于是洪波利用厂休日，请设备科的师傅对现有的机器设备进行全面的检查，然后订立了车间设备预防检修制度，并对已严重磨损的机器设备向厂部提出申请、要求更换，以确保生产所需。

　　两个月后，洪波被厂部正式聘为机加工车间主任，从此洪波的工作也更忙了……

第六章　企业设备管理

　　随着现代科学技术的发展,企业的生产设备日趋高速、精密、复杂化和数控电脑化。生产依赖于设备的程度日益提高;产量、质量、品种、交货期、成本、安全与环境保护以及劳动者的情绪无不受设备的影响。科学地管理好设备已成为现代企业管理的重组成部分。

第一节　设备管理概述

　　企业的生产设备是现代化生产的物质技术基础,机器设备又是企业固定资产的重要组成部分,是国家的宝贵财富。因此,加强设备管理意义重大。

一、设备与设备管理的概念

　　1.设备

　　设备包括通常所说的机械、机器、装置、炉窑、车辆、船舶、飞机等。其中具有代表性的是机器。

　　2.设备管理

　　设备管理就是对设备运动全过程进行计划、组织和控制。设备管理包括设备的技术管理和经济管理。设备的技术管理是对设备的物质运动过程的管理,包括从设备的选择、购置、安装、调试、使用、维修一直到报废更新的一系列技术上的管理工作。设备的经济管理是对设备的资金运动过程的管理,包括设备的最初投资、维修费用支出、折旧和更新改造资金的筹措、积累、支出等一系列资金上的管理工作。

二、设备管理的意义

　　在现代化企业中,设备管理是一个重要的管理领域。加强设备管理,及时地维修设备,使设备经常处于良好的技术状态,能够为企业建立正常的生产秩序、保证生产均衡地进行创造有利条件;产品的数量、质量、能源的消耗和产品成本的高低,在很大程度上受设备技术状况的影响。加强设备管理,及时地对现有设备进行技术改造与更新,使企业的设备保持先进水平,从而可以提高产品的数量、质量和生产的经济效益。由于机器设备的日益大型化、精密化、自动化,设备投资越来越大,与机器设备有关的费用在产品成本中的比重不断提高,因此,加强设备管理,正确地选择设备,是保证高效率、低成本和节约资金的重要条件。

三、设备管理的任务

　　设备管理的任务是:正确贯彻执行党和国家制定的有关方针政策,通过一系列技术、经济、组织措施,对企业主要生产设备的选购、安装、使用、维修、改造、更新直至报废的全过程进行综合管理,以达到寿命周期费用最经济、设备综合效能最高的目标。具体可分解为以下几个方面:

(1)坚持技术先进、适用、经济合理的原则,综合评价、正确选购设备;

(2)合理使用设备,并加强对机器设备的维护、保养和修理,保证设备始终处于良好的技术状态;

(3)积极对现有设备进行技术改造,及时更新,不断提高企业装备的现代化水平,促进技术进步;

(4)加强设备的经济管理,通过采取一系列技术、经济、组织措施,从设备的研制费一直到更新改造资金的支出、设备报废为止,实行全过程的综合管理,以达到设备的寿命周期费用最经济。

四、设备管理的发展

设备管理是随着生产的发展、设备现代化水平的不断提高以及管理科学和技术的发展而逐步发展起来的,其发展过程大致分为五个阶段。

1. 事后修理阶段

事后修理是指设备发生故障后再进行修理,是一种传统的设备管理。由于事前不知道设备故障在什么时候发生,也不知道发生在什么地方,因而缺乏修理前的准备工作,其停修时间也比较长。同时,由于修理是无计划的,常打乱正常生产秩序,影响生产任务的完成。这一阶段大体是从 18 世纪末到 20 世纪初,当时企业规模不大,生产力水平也低,企业管理主要靠经验,设备修理只能实行事后修理。但用现代观点来看,事后修理对一般设备(低值非关键设备)还是可以采用的。

2. 预防维修阶段

第二次世界大战前后,直至 20 世纪 50 年代初,随着工业的发展、设备现代化水平的提高,企业管理进入科学管理阶段,在设备管理过程中,逐步推行预防维修管理。它要求设备管理以预防为主,在使用过程中,做好维护保养和检查工作,根据零件磨损规律和检查结果,有计划地进行修理。这种维修制度可以缩短设备停修时间,提高设备利用率,它比较适宜于关键设备的修理。

3. 改善维修阶段

改善维修是以提高企业经济效益为目的,在设备维修的同时或事前对设备进行改进,从而减少设备故障的发生率,提高设备的性能。改善维修产生于 20 世纪 50 年代中期,它比较适合于设备的技术改造。

4. 维修预防阶段

20 世纪 60 年代初出现的维修预防制,是设备维修工作的重大突破,第一次提出设计部门也要关心设备的维护。只有在设备设计阶段就考虑设备维修问题,提高设备的可靠性和可维修性,才能尽量减少维修工作量,提高维修效率和效果,因此,维修预防制比较适宜于设备的设计和研制。

5. 综合管理阶段

20 世纪 70 年代初,人们在总结以前设备管理各阶段经验的基础上,提出从技术、经济、管理三方面来从事设备管理,把设备管理的工作扩大到设备的全过程和企业的全员。因此,设备综合管理是把有关设备的研究设计、制造、安装、使用、维修、保养、报废等阶段的工程技术、经济和管理等方面的工作统筹起来,全面系统地追求设备的最长经济寿命和最高效能。它主要解决使用现代化设备带来的一系列新问题。

第二节 设备的选择与使用

设备的选择应满足生产实际的需要,结合企业长远生产经营发展方向全面考虑。这样,可以使企业有限的设备投资用在生产必需的设备上,发挥投资的最大经济效益。

设备选购后,员工还必须正确、合理地使用设备。这样才能保持设备的良好性能,延长设备的工作寿命,降低使用费用,提高企业的经济效益。

一、设备的选择

(一)设备选择的原则

企业在选择设备时,要坚持技术上先进、经济上合理、生产上适用且安全节能的原则。根据企业技术发展规划、生产技术需要、市场供应情况、国内外技术发展现状和动向以及本企业技术力量等条件,综合多种因素、经过技术经济论证,从多个可行方案中择优选用。

(二)选择设备要考虑的因素

1. 生产性

生产性指的是设备的生产率,一般以设备在单位时间(小时、轮班、昼夜、年)内生产的产品产量表示。具体选择某一种设备时,必须考虑使机器的生产率与企业的生产任务相适应。

2. 可靠性

从广义讲,就是精度、准确度的保持性,零件的耐用性、安全可靠性等。可靠度是在规定的时间内,在规定的使用条件下,无故障地发挥规定机能的概率。

3. 维修性

维修的难易用维修性来表示。维修性影响设备维护保养和修理的劳动量和费用。维修性好的设备,其特点一般为结构简单,零部件组合合理,维修时容易拆卸,易于检查,通用化和标准化程度高,有互换性等。

4. 节能性

节能性是指设备对节约能源的性能。能源消耗一般以机器设备单位开动时间的能源消耗量来表示,如小时耗电量、耗气量等,也有以单位产品的能源消耗量来评价设备的。

5. 安全性

安全性是指设备对生产安全的保障性能,如是否安装自动控制装置,以提高设备在操作失误后防止事故的能力等。

6. 环保性

环保性是指设备对环境保护的性能。如对排放有害物质对环境污染的控制等。

7. 成套性

成套性指设备的成套水平。即设备要配套,配套大致分为三类,即单机配套、机组配套和项目配套。

8.灵活性

灵活性指设备对不同工作条件、加工不同产品、零件的适应性。

9.耐用性

耐用性是指设备的使用寿命。一般以设备的使用年限来表示。由于决定设备使用寿命的长短,不能单纯看它的物质寿命,还要考虑设备的无形磨损。因此,企业应结合无形磨损因素,选择使用寿命较长的设备。

以上因素是相互联系、相互制约的。企业在选择时要统筹兼顾,权衡利弊,在综合评价的基础上,确定选择购置设备的最优方案。

(三)设备的经济评价方法

选择设备时,除了考虑以上几个因素外,还有必要进行经济评价,即通过几种方案的对比、分析,选购经济性最好的设备。经济评价的方法有:

1.投资回收期法

设备投资回收期,是指通过采用新设备后的节约额,计算回收该设备全部投资费用所需要的时间。其计算公式如下:

$$\frac{设备投资}{回收期(年)}=\frac{设备投资费用(元)}{采用新设备后的年节约额(元年)}$$

式中,设备投资费主要是设备的价格加上运输、安装、调试费用;采用新设备后的年节约额包括采用新设备所带来的提高劳动生产率、降低能源消耗、保证产品质量等方面的节约额,可根据企业有关资料估算出来。

投资回收期法,是通过对各方案投资回收期的计算和比较,选择最优投资方案的方法。

例:某企业要添置1台设备,现有三个方案(见表6-1),都能满足技术要求,适应生产需要,试通过投资回收期法来确定购置方案。

表 6-1

方 案	投资费(元)	年节约额 (元/年)	投资回收期(年)	决 定
Ⅰ	6000	1200	6000/1200=5	
Ⅱ	6000	2000	8000/2000=4	选 取
Ⅲ	7200	1600	7200/1600=4.5	

2.费用效率分析法

费用效率是指单位费用所能提供的效率或成果。计算公式如下:

$$费用效率=\frac{综合效率}{寿命周期费用}$$

公式中的综合效率包括包括六个方面:①产量,设备的生产率要高;②质量,保证生产高质量的产品;③成本,生产的产品成本要低;④交货期,保证合同规定的交货期,故障少,不延误;⑤安全,能保证生产安全;⑥环保与人相匹配,保证环境卫生,文明生产,人机匹配关系好。

在计算费用效率时,综合效率可按满足质量、成本、交货期、安全、环境和人机匹配关系等条件下的生产量来考虑。寿命周期费用包括设备从研究、设计、制造、安装调试、使用、维修，一直到报废为止所发生的费用总和。

运用费用效率分析法的目的，是在进行设备选择决策时，要从长远、全面、系统的观点考虑设备的经济性，追求寿命周期费用最经济、综合效率最高的目标。

例：现有 ABC 三种设备，其寿命周期费用和综合效率及计算的费用效率如表 6-2 所示：

表 6-2

设备名称	寿命周期费用（万元）	综合效率（吨/日）	费用效率（吨/日·万元）
A	150	1700	1700/150＝11.33
B	130	1600	1600/130＝12.31
C	110	1600	1600/110＝14.55

比较而言，C 设备的费用效率最高，故应选择 C 设备。

3. 年费法

年费法是将设备的购置费（即最初一次投资费）依据设备的寿命期，按复利利率计算，换算成相当于每年的费用支出后，加上每年的维持费，得出不同设备的年总费用，据此进行比较，分析，选择最优设备的方法。

将购置费换算成每年费用支出的计算公式为：

年投资费＝一次投资费×资金回收系数

$$资金回收系数＝\frac{i(1+i)^n}{(1+i)^n-1}$$

式中：i 为年利率，n 为设备的寿命期。

4. 现值法

现值法就是将每年维持费用通过现值系数换算成最初投资时的价值，即现值，加上最初投资额后，进行总值比较，选择最优设备。计算公式为：

$$C_T＝\overline{C}_m \cdot K+C_0$$

式中：C_T——设备寿命周期费用现值；

$\overline{C}_m$——设备年平均维持费用；

$K=\dfrac{(1+i)^n-1}{i(1+i)^n}$——年金现值系数；

C_0——购置费。

例：设备 A 的最初投资为 20000 元，设备 B 为 23000 元，每年费用支出分别为：设备 A2000 元，设备 B1500 元，年利率 6％，估计寿命周期为 10 年。

$$K＝\frac{(1+i)^n-1}{i(1+i)^n}＝\frac{(1+6\%)^{10}-1}{6\%(1+6\%)^{10}}＝7.36$$

设备 A：最初投资额　　　　　　　　　　　　20000 元

每年维持费累计现值　　　　　　　　2000×7.36＝14720 元

10 年内全部支出的合计现值　　　　　　34720 元

设备 B：最初投资额　　　　　　　　　　　　23000 元

每年维持费累计现值　　　　　　　　1500×7.36＝11040 元

10 年内全部支出的合计现值　　　　　　34040 元

从计算可看出:设备 B 优于设备 A。

二、设备的合理使用

正确、合理地使用机器设备,具体应做好以下几项工作。

1.合理配备设备

要根据企业的生产特点、工艺过程要求,配备各车间、班组的主要生产设备和相应的辅助设备,使各种设备在性能上和生产效率上相互协调配合,以便充分发挥所有设备的作用。随着生产的产品品种、结构和数量的不断变化,要相应对配备的设备进行及时调整。

2.合理安排加工任务

要根据设备的性能、结构、使用范围和生产效率,分配生产任务,使各设备尽其所用,避免"大机小用"、"精机粗用",防止设备不正常磨损。既要提高设备的负荷率,又要禁止超负荷运行,以保证设备的生产效率和工作精度,延长设备的使用寿命。

3.合理配备操作工人

应该配备与设备技术要求相适应的操作工人,操作者应熟悉并掌握设备的性能、结构、使用特点和维护保养技术,要求做到"三好四会",即用好、管好、保养好和会使用,会保养、会检查、会排除小故障。新工人要经过技术考核合格,才能允许上机操作。

4.建立健全规章制度

企业要参照行业主管部门颁布的有关条例、规程和设备说明书中注明的各项技术条件,制定出每台设备的操作规程、维修保养制度、岗位责任制和奖惩制。一般实行设备归谁使用就由谁负责维护保养,推广包使用、包维护、包寿命的"包机制"。

5.创造良好的工作环境和条件

良好的工作环境和条件,是保证设备正常运行、延长使用期限、保证安全生产的重要条件。要根据不同设备的需要,安装必要的防护、保安、防潮、防腐、取暖、降温等装置,配备必需的测量和保险用的仪器、仪表装置等。对于精密的设备,要求设立单独的工作室,室内的温度、湿度、防尘、防震等工作条件应有严格的要求。

第三节　设备的维修与更新

企业为保持设备的原有技术性能,在生产过程中,要做好设备的检查、维护保养及修理工作。随着时间的推移和科学技术的进步,企业还要改造与更新设备,以不断满足生产发展的需要。

一、设备磨损理论

(一)设备的磨损

设备在使用过程中会逐渐发生磨损。磨损一般分为两种形式,即有形磨损(或叫物质磨损)和无形磨损(或叫精神磨损)。

1.有形磨损

机器设备在工作中,由于其零件受摩擦、振动而磨损或损坏,以致设备的技术状态劣化;

或设备在闲置中由于受自然力的作用而使设备失去精度和工作能力,以上两种情况都构成有形磨损。

2.无形磨损

设备的无形磨损也在两种情况下产生:一是机器设备的技术结构、性能没有变化,但由于劳动生产率的提高,使这种设备的再生产效率下降了,而使设备发生贬值;二是由于新的、性能更完善和效率更高设备的出现和推广,使原有设备的经济效能相对降低,而形成一种耗损。

(二)设备的磨损规律

机器零件的有形磨损过程,大致可以分为三个阶段:

第Ⅰ阶段为初期磨损阶段。在这一阶段,零件表面粗糙不平部分,迅速磨去,因此磨损速度很快,但这一阶段时间很短。第Ⅱ阶段为正常磨损阶段,零件的磨损趋于缓慢。第Ⅲ阶段为剧烈磨损阶段,由于零件磨损超过一定限度,正常磨损关系被破坏,接触情况恶化,磨损速度加快,设备工作性能也迅速降低,如果不停止使用,进行修理,设备可能被破坏。

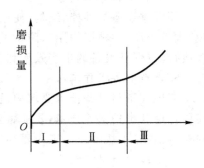

图 6-1　机器零件磨损曲线

(三)设备的故障

由于机器零件的磨损,设备在使用过程中会发生这样或那样的故障,从而影响生产活动的正常开展,机器设备的故障一般可分为两类,即突发故障和劣化故障。

1.突发故障

突发故障即突然发生的故障,其特点是发生故障的时间是随机性的,故障一旦发生就可能使设备完全丧失功能,必须停产修理。

2.劣化故障

劣化故障是由于设备性能逐渐劣化所造成的故障,其特点是发生故障有一定的规律,故障发生的速度是缓慢的,故障的程度多是设备的局部功能损坏。

(四)设备的故障规律

由多数零件构成的设备,其故障率曲线如图 6-2 所示。

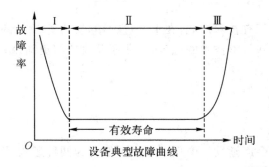

图 6-2

该曲线形态似浴盆,故称浴盆曲线。由浴盆曲线可以看出故障率有三个不同的时期,第Ⅰ段称为初期故障期,这阶段的故障主要是由于设计上的疏忽、制造质量欠佳和操作不习惯引起的,开始故障率较高,然后随时间增长而减少。第Ⅱ段叫做偶发故障期,在这阶段内,设备已进入正常运转阶段,故障很少,一般情况下大部分是属于维护不好和操作失误而引起的偶然故障。第Ⅲ段叫做磨损故障期,在此阶段,构成设备的某些零件已经磨损或老化,因而故障率上升。针对设备在不同时期出现的问题,采取相应的措施加以解决。例如,在初期故障期,找出设备可靠性低的原因,进行调整。在偶发故障期,应注意加强工人的技术教育,提高操作工人与维修工人的技术水平。并注意设备的维护保养。在磨损故障期,应加强对设备的检查、监测和修理工作。

二、设备寿命理论

设备的寿命有物质寿命、技术寿命、经济寿命和折旧寿命之分。

1.物质寿命

物质寿命也就是设备的自然寿命,是指从设备投产起至报废为止所经历的时间。

2.技术寿命

技术寿命是设备的有效寿命,是指设备从投产起至在技术上不得不淘汰为止经历的时间。

3.经济寿命

经济寿命指新设备从投入使用开始,到因使用费用过高而停止运行所经历的时间。

4.折旧寿命

折旧寿命是指由国家有关部门规定的折旧率的倒数。例如,假定设备的平均折旧率为5.85%,则其折旧寿命约为 17 年。折旧寿命一般应介于技术寿命或经济寿命与自然寿命之间。

三、设备的检查

(一)设备检查及其意义

设备检查是对设备的运行情况、工作性能、磨损程度进行的检查与校验,目的在于查明和消除设备的故障隐患;针对发现的问题,提出改进维修保养的措施;作为维修前的各项准备工作,为设备的维修提供技术资料,以提高维修质量和缩短修理时间。

(二)设备检查的分类

1.按时间划分为日常检查与定期检查

(1)日常检查:即每日检查和交接班检查,由设备操作人员执行。操作人员根据规定标准,凭借视觉、听觉、触觉、嗅觉等经验,每日针对各台(套)设备的关键部位,了解其运行中的声响、振动、油温和油压是否正常,并对设备进行必要的清扫、擦拭、润滑、紧固和调整,并将检查结果记入日常检查表或检查卡中。如发现不正常情况,可立即消除,如发现重大问题,应及时报告。

(2)定期检查:是由专业维修人员负责,操作工人参与,按计划规定时间进行的检查。维修人员凭五官和专用检测工具,定期对设备的技术状况进行全面检查和测定。定期检查主要是测定设备的劣化程度、精度和设备的性能,查明设备不能正常工作的原因,记录下次检修时应消除的缺陷。定期检查的对象是重点生产设备,内容比较复杂,一般需定期进行,作业时间也比较长。因此,必须编制检查计划,并与生产计划相协调。定期检查的周期可分为周、月、季度、半年、一年等。

2.按技术性能分为机能检查与精度检查

(1)机能检查:是对设备的各项机能进行检查,看是否漏油、漏水、漏气等,以及测定零部件的耐高温、高速、高压性能等。

(2)精度检查:是对设备的精度指数进行检查与测定,其结果是设备修理与更新改造的依据。

(三)设备检查的工作环节

1.确定检查点

确定检查点是将设备的关键部位和薄弱环节列为检查点。确定的检查点数目要符合设备检查要求。检查点一经确定,不应随意变更。

2.确定检查项目

确定检查项目就是确定各检查部位(点)的检查内容,并将检查项目规范化地登记在检查表中。

3.制定检查的判定标准

根据制造厂提供的技术要求和实践经验,制定出各检查项目的技术状态是否正常的判定标准。标准应尽可能做到定量化。

4.确定检查周期

根据检查点在维持生产或安全上的重要性及生产工艺特点,并结合设备的维修经验,制定检查周期。检查周期的最后确定,需要一个摸索、试行的过程,一般可暂时先拟定一个检查周期,试行一段时间(如一年),再通过对试行期间设备的维修记录、故障和生产情况进行全面的分析研究,拟定出切合实际的检查周期。

四、设备的维护保养

(一)设备维护保养的概念及目的

机器设备在使用过程中,经常会出现一些不正常现象,如零件松动、声响异常等,若不及时进行维护保养,就会造成设备的过早磨损,经常发生故障,甚至形成严重事故。

设备的维护与保养是指按章操作,及时地对设备进行清洁、润滑、坚固、调整、防腐等工作,设备维护保养的目的,就是为了及时处理设备在使用过程中经常发生的不正常的技术状态,维护设备的正常效能,消除事故隐患,保证设备正常运行,延长设备的使用寿命。

(二)设备的三级保养制

根据维护保养工作的难易程度和工作量的大小,一般可分为日常保养(例行保养)、一级保养和二级保养,统称为设备的三级保养制。

1.日常保养

日常保养一般不占用工时,由操作工人进行,包括清扫、润滑、调整、更换个别零部件,集中于设备外部。

2.一级保养

一级保养以操作工人为主,维修人员为辅,占用较多工时,主要是设备内部的清洁与润滑、设备局部解体与调整。

3. 二级保养

二级保养以维修人员为主,操作工人为辅,占用较多工时,主要是设备主体部分解体与设备检查、调整。

五、设备的修理

设备的修理就是修复和更换由于正常或不正常的原因引起的设备损坏,使设备的物质磨损得以补偿,恢复设备的效能。

(一)计划预防修理制度(简称计划预修制)

它是根据设备磨损规律,通过对设备进行有计划的维护、检查和修理,以保证设备经常处于良好状态的一种修理工作制度。是贯彻落实"预防为主"方针的一项组织技术措施,其基本特点在于通过计划来实现修理的预防性,是目前我国企业普遍推行的设备修理制度。

1. 计划修理种类

计划修理分小修、中修、大修三种类别。小修是工作量最小的局部修理;中修是更换和修复设备的主要零件和数量较多的其他磨损零件和部件;大修需要把设备全部拆卸,更换和修复全部磨损零件和部件,恢复设备的原有性能、精度和生产效率,是工作量最大的一种修理。除此之外,还有项目修理,是为了提高设备某个项目的性能,而对影响该项目的一系列有关零部件进行调整、恢复和更换。

2. 计划修理方法

计划修理方法包括标准修理法、定期修理法和检查后修理法。

(1)标准修理法(也称强制修理法)。按照设备磨损规律和零件使用寿命,事先规定设备修理的日期、类别和内容,到了规定的修理期限,不管设备的技术状况如何,都要严格按计划规定进行修理。

(2)定期修理法。根据设备实际使用情况和检修定额资料,制定修理计划,确定大致的修理日期、类别和内容,而确切的修理日期和内容,则需要根据每次修理前的检查来确定。

(3)检查后修理法。即事先只规定设备的检查期限,根据检查的结果和以往的修理资料,确定设备修理的日期、类别和内容

3. 修理的定额标准

即事先为各种类型的设备确定一系列的修理定额标准,作为编制修理计划的主要依据。

(1)修理周期。是指设备相邻两次大修理之间的间隔时间。

(2)修理周期结构。是指在一个修理周期内,大修、中修、小修、定期检查的次数及其排列次序。

(3)修理间隔期。是指相邻两次修理(不论是大修、中修或小修)之间的间隔时间。

(4)修理复杂系数。用来表示设备修理的复杂程度。机器越复杂,修理复杂系数就越高。通常选择中心高200毫米,顶尖距1000毫米的C620车床作为标准,将其复杂系数定为10,其他机床的复杂系数,都与标准机床进行比较而确定。

(5)修理工时定额(也称修理劳动量定额)。是指完成某设备修理工作所需的各工种的工时数量。一般是用一个修理复杂系数所需要的劳动时间来给定的。

(6)修理停歇时间。是指设备从停机修理开始,到修理完毕验收合格重新投入生产为止

的全部时间。

(7)修理费用定额。是指完成设备修理所规定的费用标准,包括材料费、工人工资、车间经费和企业管理费等。一般以一个修理复杂系数为单位来制定定额。

(二)保养修理制度

它是由一定类别的维护保养和一定种类的修理所组成的设备维修制度。其特点是打破操作工人和维修工人之间分工绝对化的界限,并简化了设备维修的种类。由于各类设备的生产工艺特点和结构复杂程度等不同,企业推行这种制度的具体结合形式也不完全相同。如有的采取三保两修(日保、一保、二保、中修、大修)等。

(三)预防维修制度

它是我国在 20 世纪 80 年代开始,正在逐步研究、吸取的一种设备维修制度。它的根据是设备的故障理论和规律,它的特点是除了对设备的维修外,还注重设备的改善、预防和提高,是较为先进的维修制度。这种制度包括的设备维修方式主要有:

1.日常维修

日常维修包括定期检查、日常检查和保养。

2.事后维修(故障维修)

对非重点设备在发生故障后进行维修。

3.预防维修

对重点设备或一般设备中的重点部位进行的预防性维修活动。

4.生产维修

生产维修是事后维修和预防维修相结合的维修方式。

5.改善维修

结合修理对设备进行改装和改造,目的是提高设备的性能、效率、精度、节能性等。

6.预知维修

是在监测技术基础上,对重大精尖设备进行监测、预报和维修。

7.维修预防

在进行设备的设计、制造和选择时,就考虑设备的可靠性、维修性和经济性,把设备提高到"无维修"的理想境界以提高设备的利用率。

六、设备的改造与更新

(一)设备改造

1.设备改造的概念

设备改造是指应用现代化科学技术成就,根据生产发展的需要,改变原有设备的结构,或旧设备添加新部件、新装置,改善原有设备的技术性能和使用指标,使局部达到或全部达到现代化新设备的水平。

2.设备改造的意义

(1)设备改造针对性强,对生产的适用性好,比购置新设备投资少,经济合理。

(2)改变企业设备拥有量的构成,不断增加自动化、高效率设备的比重,这对克服设备老化、弥补设备的先天不足具有很大的现实意义。

(3)由于设备技术改造多是本企业自行完成的,有利于提高本企业的科学技术水平,同时为设备修理打下基础。

(4)对老化设备进行技术改造不是权宜之计,而是企业设备管理的重要内容之一,也是一项对国民经济有重大意义的装备策略。

3.设备改造的内容

设备改造主要包括以下几个方面:

(1)提高设备的自动化程度,实现数控化、联动化。

(2)提高设备功率、速度、刚度,改善设备的工艺性能。

(3)将通用设备改装成高效、专用的设备。

(4)提高设备零部件的可靠性、维修性。

(5)实现加工对象尺寸误差的自动控制。

(6)改装设备监测监控装置。

(7)改进润滑、冷却系统。

(8)改进安全、保护装置及环境保护系统。

(9)降低设备原材料及能源消耗。

(10)使零部件标准化、系统化、通用化,提高"三化"水平。

(二)设备更新

1.设备更新的概念

设备更新是用技术上更先进、经济上更合理的新设备来代替不宜继续使用的旧设备,使企业生产手段保持在先进水平上,以取得良好的经济效益。

2.设备更新的条件

凡符合下列情况之一的设备,应该更新:

(1)经过多次大修理,技术性能达不到工艺要求或保证不了产品质量;

(2)技术性能落后,经济效果很差;

(3)通过修理、改造虽能恢复精度及性能,但不经济;

(4)耗能大或严重污染环境,危害人身安全与健康,进行改造又不经济;

(5)国家或上级有关部门规定淘汰的设备。

设备更新是消除设备的有形磨损和无形磨损的重要手段。

3.旧设备的综合利用

在设备更新中替换下来的旧设备,应当充分利用。其主要办法是:降级使用;有偿转让;将其拆卸,利用其主要零件;进行改装;等等。

[案例思考五]

工友的设备管理

　　5月4日,工友集团公司的各个车间主任和各个科的科长都聚集在公司的会议厅召开生产例行会议,会议由董洁厂长主持。董厂长在会前就了解到:由于公司设备的故障率高,维修不及时且维修的质量也不好,重修率高,公司最近连续几周没有完成生产任务;如果继续这样下去,公司刚接的订单就不能按时完成,这不仅是经济损失的问题,还会影响到公司的信誉。董厂长为此在公司例会上大发脾气。

　　工友集团建于1956年,它是由几个小手工业合作社发展成的一个以木工机械为主的综合性的企业集团。工友集团一向奉行"一流的设备,一流的管理"原则,长期以来,其产品一直以信誉和质量取胜于其他同类型产品的公司。

　　工友现行的设备管理是由专门的设备处负责。如果工人在操作过程中设备出现故障问题就直接找设备处的工作人员维修,生产工人只管生产,对设备出现的故障不懂怎样排除。对于工友这样的大规模公司,设备维修人员的工作量非常大,有时还不能及时修理,因此,经常出现机等人的情况。

　　董厂长在会议上很严肃地说:"这次发生的情况影响很不好,长此下去,我们还怎么进行生产,你们几个负责人应该都比较了解生产的状况,你们好好地找一下原因。现在,你们谁想好了就可以站起来讲。"

　　会场一片寂静,好不容易二车间主任开口说:"厂长,不是我们不愿意多生产。生产任务完不成,我们也着急,想加班加点,然而机械设备不合作,经常发生故障,工人又不会修,只得停工,等着机修工或电工来修,而机修工或电工又不能及时来修理,这样就浪费了时间,影响了正常的生产,导致任务完不成。"其他车间人员听了二车间主任的话,都跟着附和。

　　机修科科长见到这种情形,立即反驳道:"这么说,生产任务完不成的全部责任都在我们设备处了! 我们是有时不能及时修理,但你们也不想想,你们一点点小毛病就找我们,我们的任务那么重,怎么修得过来,你们机器的故障率又高,你们说说,我们维修工人哪一天闲着了?"

　　设备处电修科科长说:"是的,我们在修理过程中发现有些小毛病,明明是工人应该掌握其排除方法的,可他们就是不自己修。我们在修理时,发现有些设备的故障是由于工人超负荷生产造成的,他们把精加工设备用于粗加工,有的车间不顾设备上的小毛病继续使用,而且又不注意对设备的维护,所以设备坏的次数也就增多了。"

　　三车间主任说:"你们维修部门的人负责了吗? 你们修的设备总是过几天又坏了,害得我们不得不又找你们修,如果你们修得好,会浪费我们那么多生产时间吗?"

　　说到这,董厂长说:"你们也不用相互指责了,你们说的这些问题也不是一天两天存在的,而是长期就存在的,现在主要是要想办法解决、改善现在的状况,以保证生产任务的完成。针对刚才说的问题,你们说说下一时间应怎样做,生产车间先说。"

三车间主任说:"我认为我们工人应该严格执行操作规程,变速、挂轮时必须停车,负责对机器的保管,保持设备、附件、仪器、仪表安全防护等装置的完整无损,还注意不在设备上乱放工具工件。"

五车间主任说:"要熟悉设备的性能,合理使用工装、刀具,一些小毛病要会排除,同时要注意交接班工作。"

一车间主任说:"我们一定要加强对设备的保养,保持设备内外的清洁,做到班前润滑,班中、班后及时清扫干净,保持设备的各滑动部位表面无污垢、无碰伤、无锈蚀,定时、定质、定量加油、换油,以降低设备出现故障的可能。"

六车间主任说:"为了设备和人的安全,我们还应该做到在设备开动前对设备操作结构、挡铁限位等是否灵敏可靠进行检查,一切正常后才开机,开动后,观察各个部位状况,听准运转声音,如果有异常,立即查明处理好。"

董厂长听了他们的话说:"你们说的各个方面,我们的'三好四会'制度里都有,只不过大家在今后要严格执行,现在维修部门说说。"

设备处机修科科长说:"今后我们一定尽最大努力达到及时修理,且保证维修质量,一次修到位,保证机器正常运转,不影响生产工人的工作时间。我们不仅在机器开动前做检查工作,平时也做点检查工作。"

这时辅助车间主任也发言:"我们辅助车间尽力保证工人所用各种能源的供应充足,不会让任何一个车间因能源的不足而停产。"

会议厅传来了一阵雷鸣般的掌声,董事长说:"希望大家能按刚才所说的去做,保证这次任务的完成。"

[复习思考题]

1. 选择设备需考虑哪些因素?
2. 分析设备的磨损规律。
3. 设备检查的分类有哪些?设备检查的工作环节有哪些?
4. 设备维护保养的三级保养制度指什么?
5. 分析设备的故障规律。
6. 设备修理的类别有哪些?
7. 设备计划修理的内容有哪些?
8. 设备改造与更新有什么意义?

职校生成长故事(七)

一天,洪波接到已辞职的王主任的电话,约他有要事相商。见面后王主任——SP公司的总经理诚恳地邀请他去SP公司担任副总经理,一起共同管理SP公司。洪波想,这几年他一直在TY公司工作,从一名小员工成长为一名车间主任,TY公司待自己不薄,就这么走了似乎不妥,但SP公司的优厚待遇,富有挑战的职位又让他动心了。这使洪波举棋不定,思考再三,洪波决定先去SP公司实地考察一下再作定夺。

SP公司是一家新组建的空压机生产企业,厂房机器设备均是全新的,员工大部分也是刚刚招聘的职校毕业生。当洪波走进SP公司看到这些时,便不由自主地走进了王总的办公室,王总热情友好地接待了他。在谈话中王总高度评价了洪波在TY公司的工作业绩,也详细介绍了SP公司的情况。经过长时间的交谈后,洪波决定到SP公司担任分管生产与技术的副总经理。

洪波到任后首先召开车间主任、班组长会议,制订了车间主任、班组长的岗位目标责任,讨论确定了各工作岗位的劳动定额,明确了各工艺操作规程以及员工操作技能的考核评定办法等一系列管理措施,在SP公司努力营造制度管理人、制度管理生产的良好氛围。

SP公司是新组建的公司,技术力量相对比较薄弱,而洪波也没有技术管理经验。敢闯敢干的洪波并没有被困难吓倒,他认真分析了SP公司的产品结构,并走访了部分用户,认为SP公司产品仅是单一的空压机,且规格不齐全,这样在市场上竞争力不强,经营风险也较大。因此,洪波与王总商量后向董事会建议,招聘技术人员组建新产品研发部,由研发部牵头将空压机产品系列化,然后通过技术引进方式开发其他新产品,以提高产品在市场上的竞争力,降低企业经营风险。

洪波在有条不紊地运作着……

第七章　企业技术管理

现代企业的竞争,实质上是知识和技术的竞争。国际上成功的大企业无一不是靠强大的技术后盾取得竞争优势的。"科学技术是第一生产力。"这句话高度概括了科学技术的重要作用。在科学技术突飞猛进、企业竞争日益激烈的今天,科技创新与进步不仅对于国家的建设和发展十分重要,而且对于我国企业参与国内外市场竞争、增强我国企业核心竞争能力同样具有重要意义。

第一节　技术管理概述

技术管理是企业管理的一个重要组成部分,它与企业中的其他管理工作,如设计、生产、质量、成本、财务管理等,有着直接的联系。企业的生产经营活动如果没有技术上的合理性、经济性和可行性,企业就难于生存和发展。所以,企业必须加强技术管理。

一、技术与技术管理

1.技术

技术是指在生产过程中体现出来的知识、经验及技能。

技术具有知识性、商品性和周期性三种特征。

(1)知识性:技术是人类智力劳动的结果,是在生产实践中不断积累起来的知识。

(2)商品性:技术既可由发明创造者使用,也可以通过交换的方式被他人使用。

(3)周期性:技术要经历从发明到使用的过程,并在应用中得到更新、改进和发展。

2.技术管理

现代工业企业都广泛采用现代化的技术装备,因此,其生产具有高度的科学性和技术性。随着科学技术的不断发展及其在企业生产过程中的大量运用,在企业生产的活动中就逐步出现了同直接生产工作和试验工作相对分工的大量复杂的技术工作,对这些技术工作的组织、指挥、调节等活动便称之为技术管理。简单地说,技术管理就是对工业企业生产过程中的一切技术经济活动进行的科学管理。

二、技术管理的意义

1.加强技术管理,是科学技术发展的客观需要

要遵循科技发展规律的要求,加强科学技术活动全过程各环节的管理,才能使科学技术迅速、有效地变为生产力。今后随着科学的发展、技术的进步,科学研究和技术开发活动的速度愈来愈快,规模愈来愈大,范围愈来愈广,社会化程度愈来愈高,科学技术活动的组织管理工作更复杂。因此,针对科学技术活动的特点,遵循科学技术发展的规律,加强技术管理,

是科学技术发展的客观需要。

2.加强技术管理,是保证充分发挥科技作用的必然要求

科学技术转变为生产力的每一种方式、每一个阶段,都存在着大量的组织管理工作。只有做好这些管理工作,才能使科学技术成果在生产中顺利地利用,并充分发挥其作用。因此,要充分发挥科技作用,必须加强技术管理。

3.加强技术管理,是保证企业建立正常生产秩序的必要条件

现代企业的生产是社会化大生产,是科学技术的综合运用,生产过程复杂,技术装备复杂,具有高度的科学性和技术性,在生产现场随时都会出现必须及时处理的各种各样的问题,这些问题,既有老问题,又有新问题,既有事先没有充分暴露的问题,又有事先无法预料到的一些突发性问题。因此,只有加强技术管理,及时有效地处理生产现场中出现的各种技术问题,才能保证生产活动正常有序持续地进行。

4.加强技术管理,是企业的一项社会责任

在现代企业中,科学技术一方面发挥了积极、有利的作用,另一方面,随着科学技术的发展,也带来了一系列严重的不良后果,特别是环境污染、生态平衡失调、能源紧张等问题。因此,加强技术管理,采取各种有效措施,减轻和消除因科技发展带来的不良后果,是企业不可推卸的一项社会责任。

三、技术管理的基本原则

1.为生产服务的原则

生产和社会发展需要是科技发展的动力,生产和社会实践是科技的源泉,科技发展的规模、速度,投入的资金和人力,项目的选择等,都受到生产发展的需要和可能的制约;而科学技术的进步又反过来大大地促进社会生产发展,成为社会进步的巨大推动力。因此,技术管理的立足点是发展生产,技术工作只有同生产结合,为生产服务才有生命力。

2.科技先进的原则

科学技术是发展生产的先导,只有科技先行,企业才能达到与社会经济协调发展的目的。随着社会的发展,科学发明日益增多,科学技术应用于生产的周期也日益缩短。因此,技术管理必须适应这种科学技术加速度发展的要求,提前做好技术准备,不使生产因技术的原因而受到影响。为了遵循科技先行的原则,企业的技术管理工作要有长远观念和预见性,要搞好科技预测,制定长远的发展规划和加强技术储备工作。

3.坚持"一切经过试验"的原则

技术工作要尊重科学原理,坚持科学态度和科学的工作方法。企业的技术活动有它自己的规律性,无论是产品开发、工艺改革、推广新技术,还是作技术预测和技术转让,都要讲究科学性,必须坚持"一切经过试验"的原则,试验证明技术上先进可行、经济上合理时,才可推广应用。

4.技术与经济相结合的原则

企业的生产活动过程是技术活动和经济活动过程的统一,无论是产品设计、工艺方案的确定以及处理日常的技术问题,都要做好技术经济分析,选择最佳方案,以取得满意的经济效果,使技术的先进性和经济合理性统一起来。因此,企业必须努力改变过去那种只管技术先进、不管经济效果的状况。

5.充分调动科技人员积极性的原则

由于科技活动具有探索性和创造性的特点,因此要充分发挥科技人员的主动性和积极性。新产品的创造发明,新技术的开发运用,都是在继承前人知识的基础上探索新的知识,进行创造性的劳动。企业科技工作的开展,必须依靠人们的创造精神。为了发挥科技人员的积极性,必须加强科技人员的管理和培训,尊重科技人员的劳动,给他们创造良好的工作条件,加强智力开发和知识更新,不断提高科技人员的思想水平、技术水平和生活水平。

四、技术管理的内容

企业由于产品结构、工艺流程、生产类型、生产规模和技术装备的水平等因素不同,其技术管理工作的内容、范围及具体方法也不相同,一般来说,技术管理的内容主要包括以下几个方面。

(1)进行科学技术预测,制订技术革新和科研项目的规划并组织实施,推动企业的科技进步。

(2)改进产品设计,试制新产品。

(3)制订和执行技术标准,进行产品质量的监督检验。

(4)组织科技信息交流,推动新工艺、新技术和技术档案管理。

(5)进行技术改造、技术引进和设备更新。

(6)生产技术准备和日常生产技术的管理。

(7)做好技术经济的论证工作。

五、技术管理的任务

企业技术管理的任务主要是推动科学技术进步,不断提高企业的劳动生产率和经济效益。技术管理的主要任务有以下几项。

1.正确贯彻执行国家的技术政策

技术政策是国家根据工业企业生产的发展和客观需要,根据科学技术原理制定的,是指导企业各种技术工作的方针政策。企业许多技术问题和经济问题的解决都离不开国家的有关技术政策。我国工业企业的技术政策有许多,主要包括产品质量标准、工艺规程、技术操作规程、检验制度等,其中产品的质量标准是最重要的。

2.充分发挥技术人员的作用和利用企业现有的物质技术条件

我国企业现有的物质技术条件与国外工业发达的国家相比还是比较落后的,而且差距相当大。因此,如何充分利用企业现有的物质技术条件,为早日实现四个现代化作出更大的贡献,具有十分重要的现实意义。一切技术、一切技术设备都是由人来运用和掌握的,因此,要不断提高企业员工的思想觉悟,充分发挥技术人员的作用。要使技术人员正确认识到自己在企业技术管理工作中的重要地位,主动地发挥他们的积极性和创造性,并且能够充分利用企业现有的物质技术条件,积极钻研技术,掌握先进技术,不断提高技术水平,作出应有的贡献,这应是企业技术管理的首要任务。

3.建立良好的生产技术秩序,保证企业生产的顺利进行

良好的生产技术秩序是保证企业生产顺利进行的必要前提。企业要通过技术管理使各种机器设备和工具经常保持良好的技术状况,为生产提供先进合理的工艺规程,并要严格执行生产技术责任制和质量检验制度,及时解决生产中的技术问题,从而保证企业的生产顺利

进行。

4.搞好挖潜、革新、改造,不断提高企业的技术水平

企业要经常开展群众性的技术革新活动,充分利用现有设备、搞好挖潜、革新、改造,努力学习并积极采用新技术、新工艺,努力发展新产品,不断提高产品质量,加速企业现代化的进程。

5.保证安全生产

工人和设备的安全是工业企业正常生产的前提,也是社会主义制度的一个重要要求。如果工业企业不能够保证生产的安全,企业员工的安全、健康就会受到威胁,国家的财产就会遭到损失,企业的生产也就不能顺利地进行。因此,保证安全生产也是技术管理工作的一项重要任务。

6.广泛开展科研活动,努力开发新产品

在市场经济中,工业企业必须及时生产出符合社会需求的产品,才能取得相应的经济效益。这就要求企业必须发动广大技术人员和工人广泛开展科学研究活动,努力钻研技术,积极开发新产品,不断满足市场需求,开拓新市场。

总之,企业技术管理的任务是繁重的,既有技术方面的组织工作,又有技术方面的保证工作,我们一定要搞好技术管理,保证企业产品生产和工艺技术的不断进步,以提高企业产品质量、生产劳动的效率,不断降低产品成本,从而获得最佳的经济效益。

第二节　技术引进

当今世界,技术往往被作为商品来进行交易。随着我国改革开放的深入以及国际交往的增多,我国先后从国外引进了不少先进技术和设备,这对提高我国的科学技术水平,促进国民经济的发展有着重要的作用。

一、技术引进及其特点与意义

1.技术引进

技术引进是指引进国内外新的技术、知识和经验,包括产品设计、制造工艺、测试方法、材料配方和设备等,也包括引进企业经营管理,以及进行技术交流活动,如聘请专家、培训人员、技术考察活动以及情报资料的搜集和交流等。

2.技术引进的特点

与一般的商品贸易相比较,技术引进有以下特点。

(1)技术引进的是一种特殊的商品,即无形的知识,它不像商品贸易具有固定的形状。

(2)技术引进的当事人一般是同行,因为只有是同行时,技术引进才能顺利完成。

(3)技术引进所涉及的问题复杂、难度也较大。一般来说,技术引进涉及工业产权保护、技术风险、技术转让费的确定、支付的方式、当事人双方的责任、权利和义务、限制与范围等特殊而复杂的问题。另外,技术引进所涉及的法律问题也比较复杂,例如我国在技术引进工作中涉及的法律有:专利法、商标法、外国企业所得税法、个人所得税法、涉外经济合同法等。

3.技术引进的意义

搞好技术引进可以大大缩短开发技术时间,节省研究试制费用,而且对于改善产品结构,填补技术空白,促进品种发展和生产规模的迅速扩大都有重要意义。同时,引进先进技术,可以使企业提高生产效率、减少消耗、降低成本、增加积累、全面提高经济效益,还可以提高本企业员工的技术水平,有利于加速掌握先进技术。

二、技术引进的原则

技术引进涉及政治、经济、技术、贸易、外交、法律等领域,要取得预期的效果,必须遵循以下原则。

1.求实原则

引进技术要实事求是,符合国情。根据我国现有技术水平、管理水平较低、资金有限等实际情况,在技术引进时首先要注意统筹安排、循序渐进,有重点、有步骤地在有偿还能力的基础上进行;其次,要同国情相适应,尽量引进花钱少、效益显著的"适应技术"以取得良好的引进效果。

2.平等互利原则

必须坚持国与国之间的政治上平等、经济上互利。

3.系统配套原则

引进的技术和设备与我国产品的系列化、标准化相结合。逐步形成我国自己的产品系列。应注意引进技术的连续性、先进性和配套性。同时,引进技术还要与引进管理并举。技术复杂或规模较大的引进项目,可聘请外国专家设计和帮助建设,建成后再留一段时间帮助掌握和管理。

4.创新原则

学习引进国外先进技术必须与消化创新相结合,采取"一学、二用、三改、四创"的方针,以摆脱对别国技术的依赖。

三、技术引进的内容和方式

技术引进的内容很多,总的来说包括"硬件"和"软件"两个方面。"硬件"是指购买我国尚不能制造的设备、器材、仪表、生产线等,它包括单机引进和成套设备引进两种。"软件"是指设计、工艺、制造、管理等方面的技术知识,其中一种是有形技术,如专利权、商标权等;一种是无形技术,即在人们头脑中系统化了的专门知识、积累的经验、机器安装时的设计和计算方法等。我国以往的技术引进大部分是"软件"与"硬件"相结合,随着我国科学技术的发展,"软件"在技术引进所占的比重会越来越大。

技术引进的方式通常有以下几种。

1.许可证贸易

许可证贸易是将制造技术和"工业产权"作为商品,实行标价交易的技术转让。它与一般的商品交易不同,转让的一般不是技术输出方(卖方)拥有的"工业产权"和技术知识的所有权,而是使技术输入方(买方)获得技术的使用权。许可证贸易的核心是技术使用权、产品制造权和销售权的许可。许可证贸易的对象大致是专利、专有技术知识和商标三项。许可证协议的主要内容包括以下四个方面。

(1)技术转让的内容和范围。

(2)价格及支付方式。

(3)保证与索赔。

（4）仲裁与法律适用。

2.咨询与服务

咨询、服务是输入方把需要解决的技术问题向输出方提出咨询，输出方向输入方只是提供经验和技术服务的一种引进方式。这种引进方式不是为了获得某种产品的专利或特有的专有技术，仅仅是以某种服务方式的技术转移。如委托完成一个可行性研究，委托完成工程设计、资源勘察、分析化验以及现场指导、人员培训等。

3.来料加工

来料加工是某个国家或地区（简称甲方）的商人或企业向另一个国家或地区（简称乙方）的外贸部门或工业部门提供原材料、辅助材料、包装材料以及有关的机器、仪器、工具、模具等，按照双方合同商定的方法，由乙方负责加工生产后出口，甲方按照来料的多少和加工程度向乙方支付加工费用及有关费用。加工生产出来的产品一般由甲方包销。

4.合作生产

合作生产即与国外企业在一定时间内分工合作共同生产出一定数量的产品。这种方式带有对等交换技术、取长补短、互惠互利的性质，尤其对那些结构复杂、技术密集的产品更有利于提高工作效率，尽快生产出产品和顺利地逐步掌握所引进的技术。合作生产方式常与许可证贸易相结合，也可单独采用。

5.补偿贸易

补偿贸易就是买方向卖方购买成熟的技术和设备，在双方商定的时间内，买方用购买的技术和设备生产出来的产品分期偿付一切购买费用（包括利息）或用双方协商的其他商品来偿付。它是技术引进和商品贸易相结合的一种方式，简单易行，买方不必支付现汇，出口产品比较稳定。

6."成套设备"项目

"成套设备"项目是指输出方不仅提供技术，还需要承包几乎全部的工程，包括拟订建设方案、厂址选择、工程设计、选购设备、指导施工与安装、调试、培训人员等。这是一种一揽子的技术转让，亦称"交钥匙"项目。这种方式主要是引进生产力，对于迅速克服生产技术中的薄弱环节和填补空白有显著效果，但要花费大量外汇，不利于提高本国的科技水平，而增加了对外国技术的依赖性。一般工业基础薄弱、技术落后的国家，初期主要是通过成套项目引进的。

四、技术引进的程序

一项技术的引进往往需要经过多次磋商，在双方取得一致意见的基础上，才能达成交易，签订合同。双方磋商的一般程序是：询价、报价、还价、接受、签约。

1.询价

询价又叫询盘，是指交易的一方向另一方向询问购买某种商品或转让某项技术的价格和交易的条件而发出的口头或书面的表示。

技术引进一般采用直接询价或经过中间商询价的方式。受方在项目建议书得到批准后，通过对可能的技术来源进行分析比较，选择几家作为询价的对象。通过询价信或询价电传等方式，将希望得到的技术内容、要求、范围、规模明确地告诉对方，请对方报价和提出建议。一般不但要求对方报总价，而且要求对方分项目报价。

2.报价

报价亦称报盘,是指技术供方根据受方询价要求,提出的转让该项技术的交易条件和价格。技术交易的报价比一般商品的报价要复杂得多,需要拟定一个合同草案详细规定技术交易的条件和双方的权利、义务。

3.还价

还价是受价人接到报价后,对于发价人的交易条件和价格提出修改意见。还价可以用书面答复,也可以邀请对方面谈。受价人的还价,一般是在对发价人的报价进行技术比较和价格比较的基础上做出的抉择。

4.接受

接受是受价人无条件地同意发价人提出的交易条件和价格,并同意按此条件和价格签订合同的一种表示。双方对交易的条件、权利、义务及合同款达成一致意见。

5.签约

达成一致意见后,由当事人一方将交易内容写成合同,经双方共同签署,即为签约。技术交易合同体现了双方当事人的经济关系和法律关系,受到法律的约束和保护。

五、技术引进的组织管理

技术引进工作是一项既涉及技术经济又涉及国际贸易的复杂而又细致的工作,稍有不慎就可能给企业带来损失,甚至会带来严重的后果。为此,必须加强技术引进工作的组织管理。

1.做好技术引进的可行性研究

技术引进可行性研究的基本任务,就是对引进的项目和内容,从技术、经济、社会、法律等有关方面进行具体的调查研究和科学的预测,反复地进行比较分析,从而对引进的项目,从定性和定量两个方面提出具体意见,为领导进行择优决策提供可靠的依据。而可行性研究的关键是经济效益的分析。

2.做好引进设备的验收检查和施工管理

在技术引进的合同中,都应有技术验收条款,包括技术资料的验收和产品考核验收两个方面的内容。技术资料的验收是指对技术输出方提供的技术资料的数量、质量进行认真检查,看其是否符合合同的有关规定。产品考核验收是指引进方对按技术输出方提供的技术资料制造的产品是否符合合同规定的产品技术性能指标进行考核、检验,如不符合要求,可以提出补救办法或索赔。产品考核验收条款,是技能引进合同中保护引进方利益的重要条款,一般合同中,都有一个附件,详细规定考核验收的办法。

对于外商负责的项目,要做到边施工、边检查、边验收。对因不符合合同中所规定的质量要求而造成损失时,有权要求赔偿。

3.做好技术培训工作

引进的项目中,设备的结构、操作、维护等一系列技术工作往往比较复杂,甚至有些是高科技领域的问题。所以,对于引进项目能否取得成功,技术培训往往起着关键作用,要保证引进项目的顺利完成和投产,没有一批真正掌握了该项技术的骨干力量是不行的。因而,技术培训是技术引进中必不可少的一个环节,技术培训的内容包含在引进协议中,也可以以特定项目单独签订合同。

技术培训的基本方式有两种。一种是由引进方派出技术人员和工人,到技术输出方培训实习,另一种是聘请技术输出方的专家、技术人员来引进方讲授技术、调试设备、指导生产。

4.做好引进技术的消化、吸收、创新与提高工作

对技术引进项目能否消化、吸收,是衡量技术引进成败的尺度,如果不能够消化新引进的技术或设备,就不可能达到引进的全部目的。另外,更重要的是,对引进技术在消化、吸收基础上不断创新和提高,这才是技术引进的基本着眼点。因为,技术引进对于一个国家和企业的科学技术发展,只能起一种促进、借鉴作用,而不是决定因素,只有创新与提高,才是推动我国科学技术发展的决定因素。

第三节　技术改造

技术改造不仅是提高企业素质,增强企业生存和发展能力的需要,也是企业满足消费者不断提高的物质生活的需要。

一、技术改造及其意义

1.技术改造

工业企业的技术改造,就是把先进的科学技术成果应用于企业的各个生产领域(产品、设备、工艺、原材料、能源等),用先进的技术改造落后的技术,用先进的工艺装备代替落后的工艺装备,达到增加产量、提高质量、节约能源、降低原材料消耗,全面提高社会综合经济效益目的的一项技术措施。

2.企业技术改造的意义

(1)技术改造是实现经济增长方式转变的重要对策。目前,相当一部分企业的生产增长只满足于简单的数量增长型模式,产品的技术含量不高,产品的结构也不能满足社会的需要。因此,我国经济增长方式要实现由粗放型向集约型的转变,必须十分注重对原有企业的技术改造。

(2)技术改造是企业开拓国际市场的客观要求。在世界经济日趋一体化的今天,一些企业已经把目光瞄准了国际市场,积极发展外向型经济。如果企业不改进生产条件,提高生产效率,降低生产成本,就没有竞争优势,就不能占领国际市场,也不可能提高创汇能力。技术改造可以为企业开拓国际市场提供技术上的条件。

(3)企业的技术改造可以迅速改变我国国民经济技术落后的状况。由于过去我国在生产建设中偏于建设新企业,忽视现有企业的技术改造,所以造成现有工业企业中,产品落后、设备老化、技术陈旧等相当严重的情况。这种落后的情况亟待改变,而改变的主要途径就是通过技术改造,这是既适合国情又符合现状的现实选择。

(4)技术改造是提高经济效益、增加财政收入、为扩大再生产提供积累的战略性措施。技术改造与新建同等生产规模企业相比,其优越性十分显著。技术改造可以充分利用原有物质技术基础,如辅助生产部门和共同福利设施,节省了费用,加快了生产速度,从而带来更多的利润和税金。

(5)技术改造是提高企业经营管理水平的重要手段。技术改造通过采用新的技术成果,可以改进企业中落后的生产环节,增强设备的机械化、自动化程度,提高劳动生产率;可以推

广使用各种新材料、新工艺、新技术,改进产品质量,增加产品品种,促进产品升级换代。

二、技术改造的原则

1. 必须贯彻以"内涵"为主扩大再生产的方针

内涵型扩大再生产同外延型扩大再生产相比,具有投资少、时间短、见效快、效益高等特点。贯彻内涵为主扩大再生产方针,首先要端正对技术改造的思想认识,要从长期以来注重量的扩大转向质的提高;从注重简单"外延"转向打基础、上水平方面来。

2. 必须外部环境和内部条件相结合

企业面临的外部环境主要是指国情和市情。国情包括国家的经济政策、方针及法令、指示、规定等;市情包括市场需求情况和竞争者情况等。企业内部条件主要包括:企业原有的技术设备状况、厂房条件、员工素质和企业管理水平等。正确认识外部环境和内部条件对企业技术改造的影响十分重要。选用的技术是否符合我国国情和企业实际,是决定企业技术改造成败的关键。

3. 必须以技术进步为前提

企业的技术改造,必须在技术进步的基础上进行,着眼于水平的提高,而不是在同一水平上简单地以新换旧原样照搬,延续落后的生产技术。因此,企业要积极加强新技术的开发和引进先进技术。

4. 必须讲究经济效益

只有技术上的先进性,而无经济上的合理性,就失去了采用先进技术的意义。因此,要做好技术改造工作,一定要进行技术经济分析,把技术与经济紧密结合起来,讲究技术改造的经济效益。

三、技术改造的内容

企业技术改造的内容十分广泛,它主要有以下几个方面。

1. 产品的改造

在工业生产中,是产品决定工艺,工艺决定技术装备。因此,企业进行技术改造,应从市场需要出发,从产品改革入手,在大力开发新产品的同时,改造老产品,实现产品更新换代,增强市场竞争能力。主攻方向应为:合理简化产品结构,减轻重量,缩小体积,提高性能和质量,使产品能适应多种用途,向高、精、尖方向发展;合理使用材料,节约能源和贵重材料,提高生产效率,降低产品成本,以达到逐步改进和淘汰那些能耗高、性能差、市场寿命短的产品。

2. 机器设备和工具的更新改造

机器设备和工具是企业的生产手段。对现有设备和工具进行更新改造,是促进技术进步的重要环节。这包括生产设备、工艺装备和计量测试手段的更新改造。设备更新要尽可能用先进设备代替落后设备。设备改造是对现有设备进行局部更新,以提高设备的性能和效率,延长工具设备的使用寿命,改善劳动条件,减轻劳动强度,提高产品的产量和质量。

3. 工艺的改造

工艺是先进还是落后,往往是影响产品质量、生产效率和成本高低的重要原因。因此,采取行之有效的工艺方法和工艺流程显得特别重要。

4.降低能源与原材料的消耗

随着科学技术的发展,特别是化学工业的发展,为原材料、燃料等的综合利用开拓了广阔的前景。只有开展综合利用,才能充分利用资源,提高经济效益。

5.厂房设施的改造与劳动保护环境改善

这要求从有利于生产合理布局、有利于安全生产、有利于改善劳动条件与劳动环境、有利于员工身体健康出发,来改造厂房设施、劳动保护设施及综合治理"三废"污染的设施。

四、技术改造决策的程序

技术改造决策,必须对技术、生产、经济、社会各方面的影响因素进行系统分析,才能达到最佳的效果。其程序应包括以下几个步骤。

1.调查技术现状,提出改造目标

为了做出有科学依据的决策,首先必须对本行业国内外的技术现状、科技新成果的使用及其发展趋势等作系统的调查。通过调查资料,对比本企业生产技术上的差距,发现薄弱环节和需要改造的重点。在此基础上,按照需要和可能,提出本企业技术改造的方向和具体目标。

2.制订改造方案

通过对外部环境、内部条件和预定目标三者所做的全面分析和综合平衡,从实际出发,提出改造所采用的技术方式、改造内容、步骤安排、资金来源、进度要求等,拟订出几个可供选择的改造方案。

3.进行技术经济论证

对准备改造的项目在做出改造决策前,要对各个可供选择的方案,进行全面的技术与经济的论证,通过比较选取最优方案,以确保项目在技术上可行、经济上合理。

4.实施方案

技术改造方案确定后,必须付诸实施,并做好检查和信息反馈工作,及时解决新出现的问题,以保证技术改造目标的顺利实现。

五、技术改造的组织实施

技术改造是一项影响大、涉及面广、技术性强的工作。只有统筹兼顾、合理安排,严密组织,做好一系列组织实施工作,才能保证技术改造顺利进行,并取得预期的效果。

1.制订切实可行的技术改造规划

在规划中既要有长期的目标,又要有近期具体部署;既要有总体规划,又要有单项计划,既要分清主次轻重,又要注意互相衔接,协调配套。只有制订一个切实可行的规划,才能保证企业改造按照预定的目标有计划、有重点、有步骤地进行。

2.抓好技术改造所需人、财、物的组织和落实

企业筹集技术改造资金,一般可通过折旧基金、大修理基金、生产发展基金、银行贷款、社会集资等方面进行。企业技术所需材料、设备应列入企业物资供应计划,并通过各种途径予以落实。企业还要重视人才开发,注重智力投资,加强技术业务培训工作,建立一支既懂技术又懂管理的技术改造队伍。

3.组织技术改造项目的实施

这要做好以下四方面的工作:

（1）建立严格的责任制，将每个项目的各项工作都落实到部门和个人；

（2）抓好日常调度和协调工作；

（3）加强项目实施情况的检查控制，以便及时掌握情况，发现问题和解决问题；

（4）实行技术改造项目完工验收和奖惩制度。

第四节　技术创新

技术创新是人类创造财富和积累财富的根本所在。对于财富的直接创造者企业来说，技术创新则是其在竞争中发展，赢得和保持竞争优势的根本动力。因此，面对知识经济的挑战，企业要勇于进行技术创新。

一、技术创新及其特征

1.技术创新

技术创新是指企业应用创新的知识、技术和工艺，采用新的生产方式和经营管理模式，提高产品质量，开发生产新的产品，提供新的服务，占领市场并实现市场价值。

技术创新是一种使科技与经济一体化，加快技术应用速度，提高技术应用效率与效益的发展模式。其核心是科研活动与经济建设的一体两面，本质是科学技术转化为生产力的"桥梁"与"中介"，技术创新是一个从新产品或新工艺设想的产生到市场应用的完整过程。它包括从某种新设想的产生、经过研究开发或技术引进、中间试验、产品试制和商业化生产到市场销售等一系列的活动。

2.技术创新的特征

作为企业的一项重要经济活动，技术创新的主要经济特征可归结为以下几方面。

（1）系统性：技术创新是一种系统性技术经济活动，它是由技术、市场、生产、金融、组织等多项子系统组成的完整的大系统。在进行技术创新决策中，只有综合考虑以上因素，并对各生产要素进行融合，才能最终取得技术创新的成功。

（2）创造性：技术创新是对原有技术的改善、或引进新技术、或发现新技术，从而表现出与原有技术的差别，这种差别就是一种创造。

（3）效益性：任何层次及规模的技术创新活动都需要一定数量的资源投入，这是实现预期创新目标的物质性保证。伴随着这种投入，每一次成功的技术创新又总会相应获得一定的新财富或利益，这也是企业进行技术创新活动的根本动力所在。从更高的角度讲，技术创新的效益性不仅表现为企业的经济效益，而且还会有一定程度的社会效益以及宏观的经济效益——企业持续不断的技术创新是促进国家经济增长和发展的基本保证。

（4）风险性：技术创新在酝酿巨大高效性的同时，也蕴藏着巨大的不确定性或高风险性。即使在发达国家也有近 90％的技术创新项目在进入市场实现商业化之前即宣告失败了。技术创新的风险主要来自于三个方面：一是技术性风险，如技术开发本身的成熟度不够；二是市场风险，如消费者的需求发生变化等；三是社会风险，如自然风险和政策性风险等。企业在创新过程中必须严密组织、科学管理，以将风险降到最低限度。

（5）扩散性：尽管技术创新会伴随高风险，但它一旦取得成功，便会对企业的发展乃至整个经济的增长产生巨大的推动作用。促使创新活动产生最大经济影响力的一个重要途径就是技术创新成果的扩散。技术创新及其扩散的过程才是真正促进发展、增进财富的过程,其宏观经济效益才能得以实现。

二、技术创新的意义

世界经济发展的历程,有力地证明了技术创新的重要作用和地位:技术创新是人类财富之源,是经济发展的巨大动力;技术创新是知识经济的物质基础;技术创新会引起产业结构的优化。

21世纪,面临经济全球化及知识经济的到来,各国政府都在审视自己的经济发展战略。技术创新能给各国经济带来巨大的发展,同时也推动了人类社会的进步;技术创新是知识经济的基本要求和内在动力。

技术创新是企业生存和发展的保证,也是企业提高市场竞争的关键。对企业,尤其是那些奋力进入国际市场的企业,它们的基础性作用日益增强,技术创新是企业实现持续发展的核心,是经济发展的巨大动力。在市场竞争日趋激烈的今天,推动技术创新更是建立优势并不断更新优势的必然选择。理论和实践表明,企业要想在激烈的市场竞争中求得生存,就必须掌握技术创新的特征并进行理论及环境分析,按其内在要求、组织系统结构的规范进行运作。

三、技术创新的内容

1.资源创新

资源创新指原材料和动力资源的创新和应用。

2.产品创新

产品创新指新材料、新用途、新工艺"三新"产品的发明,以及老产品的结构和性能改善。

3.工艺创新

工艺创新指新工艺流程的创造和生产工具、设备的改造。

4.管理技术创新

管理技术创新指新管理技术的发明和运用。

四、技术创新的方式

1.独立研究创新方式

利用定向基础研究和应用研究成果进行新技术、新材料等方面的研究,从而研制出具有本企业特色而又是首次研制成功的创新产品。如晶体管的生产就是通过这种方式创新出来的。独立研究创新方式难度大、时间长,风险较大。

2.技术引进方式

借鉴国内外已有的技术,较快掌握引进产品的制造技术,尽快制成新产品。这种方式减少了本企业的研制时间,节省了人力、财力,有利于加速本企业的发展。如我国的彩电、冰箱、录像机等就是采用这种方式创新出来的。

3.引进技术和创新相结合的方式

在引进的基础上加以消化和吸收,从中吸取先进的技术并加以创新和改进,研制出先进、可行的新产品。这是一种普遍认为最佳的技术方式,例如,日本的彩色电视机是在引进美国技术的基础上加以创新的;我国广州的"鸿运"风扇是引进样机后研究创新而设计生产出来的一种新产品。

4.协同攻关方式

协同攻关方式是指对大型成套技术的开发项目,可组织科研、高校、生产、设计、施工、使用单位共同参加,充分发挥其所长、弥补其所短,紧密结合、协同攻关。这种方式的创新周期短、速度快。

第五节　产品创新

在当今激烈竞争的市场上,企业要想持久地占领市场,立于不败之地,只依赖现有产品是绝对不行的,作为营利性经济组织,企业必须动态地适应市场需求,不断推出有销售潜力的产品,以提高产品的竞争能力。组织好企业的新产品开发、做好产品开发的评价工作是现代企业管理的重要组成内容。

一、产品创新及内容

1.产品的创新

所谓产品创新,是指开发出的产品与老产品相比较,在产品结构、性能或技术特征等方面有明显改进、提高或是独创的,具有先进性和实用性,能提高经济效益,有推广价值,并且在一定区域范围内第一次试制生产的工业产品。产品创新能力是反映和评价企业技术素质的重要标志,是企业技术进步的重要内容。

2.产品创新的内容

产品创新的内容体系如图 7-1 所示。

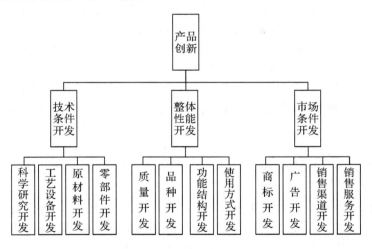

图 7-1

二、产品创新的意义与原则

1.产品创新的意义

企业创新的决策是总体经营战略和市场营销决策的重要组成部分,而产品创新是企业生存和发展的重要支柱,它对企业将来的经营状况和前景有重大的影响。其具体意义有以下几点。

(1)可促进企业的发展。

(2)可维护企业的竞争地位。

(3)可促进其他产品的销售。

(4)可促使企业对外部环境的适应。

(5)可加速科技成果向现实生产力的转化。

(6)可激发企业团队的革新精神和创造力。

2.产品创新的原则

(1)市场原则:创新产品必须适销对路。"对路"才能"适销",这是产品创新成功保证。为此,要认真做好对目标市场的调查分析,着重分析消费者对产品的品质、性能、式样和花色以及价格等的需求。做到有的放矢,研究开发适应性强并深受消费者欢迎的产品。只有这样,产品才有一定的生命力。

(2)特色原则:所谓特色就是有新的性能、新的用途或新的式样。产品的式样新对消费者的吸引就大;功能全就能满足消费者多方面的需要;性能好就能深得消费者的信任。总之,要让消费者感到这种产品确实与众不同,从而产生购买欲望。

(3)能力原则:主要是指企业界要根据自身的实力(包括生产条件、技术力量、资金实力、原材料的供应保证等方面)来研究设计创新产品的质量和生产规模。

(4)效益原则:产品创新要使经济效益比原产品有较大的提高,对企业来说,产品创新应当尽可能利用原有的生产能力,综合利用原材料,降低研究、试制和生产的成本,并制定适当的价格,增加盈利;对消费者来说,应当使用方便,维修简单等;对社会来说,要节约能源与资源,有利于保持生态平衡,减少和防止环境污染等。

(5)国际标准原则:随着企业进入国际市场的需要,产品设计标准必须与国际标准接轨。从产品的技术指标、参数,到产品的包装、商标等都应考虑到这一点,争取得到国际标准化组织的认证。

三、产品创新的方式

1.自主创新

所谓自主创新是指企业依靠自己的科研技术力量进行的产品创新。该方式的优点在于能够密切结合企业的特点,形成企业自己的系列产品,使企业在某一方面具有领先地位。这种方式适合对那些拥有自己的科研院所的大中型企业或企业集团。

2.产学研合作创新

这是指企业与企业,企业与高等院校、科研院所共担风险、互利互惠、优势互补、共同发展机制下的合作创新。其内容、形式主要有合作研究、共建试验基地以及技工贸实体、技术转让、信息与人才交流、设备仪器共用、技术咨询与服务等。这种方式适用于企业自身创新能力不足的中小型企业。

3.技术引进

这是指利用国内外已有的成熟技术从事的产品创新。这种方式可以节省研制经费,减少开发风险,缩短开发周期。这对自主创新能力较弱而加工制造能力较强的企业更为适用。

4.创新与引进相结合

自主创新与技术引进各有优越性。在产品创新的策略上应当坚持两条腿走路的方针,既重视自主创新,又重视技术引进,两者相互补充,有机结合,通过吸收、消化、创新,才会产生较好的效果。尽管日本人没有很多的发明创造,但他们却被称为国外已有发明创造的继承者、应用者和受益者,使许多欧美国家的发明创造在日本获得最佳的实际应用,推出了许多成本低、质量高、性能好的新产品。

四、产品创新的程序

产品创新不仅受宏观因素和自身条件的影响与制约,而且从确定产品创新方向,组织实施到投放市场,要经历许多阶段。为保证产品创新成功,必须遵循科学的程序。产品创新的程序大体分为概念开发、样品开发、商品开发三个阶段和设想、筛选、效益分析、实体开发、试销、商品化六个细分阶段。三大阶段和六个细分阶段的工作目的及其达到目的的方法可归纳为如表 7-1 所示。

表 7-1

阶段	细分阶段	目的	方法
概念开发	产品设想	酝酿出大量的产品设想	特性列表法
	评价筛选	评价产品设想,选出好的设想	拟定评价标准,进行筛选
	经济效益分析	从利润角度评价新产品	编制资金预算,利用投入产出分析法进行分析评价
样品开发	概念实验与样品实体开发	拟定产品的主观设想并进行调研,决定产品的设计与试制	概念实验、产品设计、做好实验、进行选择等
商品开发	市场试销	考验与调整营销组合	在某一特定范围试销
	商品化	将产品推销到市场	最大限度地协调销售、制造及费用等环节

上述产品创新的程序是指一般情况下而言的,企业在实际工作中应从自身的条件出发,根据产品创新的特点确定具体的产品创新程序;在进行产品创新中,应当注意可行性研究。必须在充分调查研究的基础上进行全面科学的论证,并经主管部门审核,做出评估结论,以此确保立项准确。

五、产品创新策略

企业要进行产品创新,必须制定正确的创新策略,这里主要介绍三种常见策略。

1.抢先策略

企业创新的产品要在其他企业还未创新,或还没有创新成功,或创新后尚未投入市场前就抢先创新、抢先投入市场,从而使企业的某些产品处于领先地位。采用抢先策略的企业,一般来说要有较强的自主创新能力,要有一定的试制与小批量生产的能力,还要有足够的人力、物力和能力,要有勇于承担风险的决心。

2. 紧跟策略

企业发现市场上竞争力强的产品,或者发现刚露面的畅销产品时,就不失时机地进行仿制,并迅速将仿制的新产品投入市场。采用紧跟策略的企业一般要具有两个条件,一是要对市场信息收集快、处理快、反应快,并具有较强的应变能力和一定的自主创新能力。二是要有一个高效率的创新产品机构,这样,才能及时地把仿制的新产品创新出来并投入市场。大多数中小型企业都可以采取紧跟策略来进行产品创新。

3. 产品系列策略

所谓产品系列,是指生产技术密切相关的一组产品。一个企业拥有的产品系列的数目称为产品系列的广度。每个产品系列内品种规格的多少称为产品系列的关联性。在创新产品时,必然要考虑到产品系列,考虑到企业中每个产品系列有哪些品种规格及关联性等。

[案例思考六]

忽视产品创新的英国雷利自行车公司

英国雷利自行车公司是成立于 1887 年的世界老字号自行车公司。该公司始终坚持"坚固实用"的经营理念。由于生产的自行车质量好,曾经红极一时,当时人们若拥有一辆雷利自行车,就如获至宝。不少买了雷利自行车的人,即使用了六七十年,车子仍然十分灵巧。有这样一个事例,有个顾客在 1927 年以 9 英镑买了一辆雷利自行车,直到 1986 年仍然在骑。雷利自行车成了高质量的代名词。

然而,随着时间的推移,人们的消费观念在悄悄地变化,市场需求也在悄悄地变化,而雷利公司仍然坚持原来的经营理念,没有进行任何创新。

自行车本来是一种方便、灵巧的交通工具。但是到了 20 世纪 60—70 年代,比自行车更为理想的交通工具——轿车在发达国家开始普及。轿车由于速度快、跑得远,迅速得到消费者的青睐。自行车消费也便随之日趋低落。

面对市场的变化,很多自行车厂家都在积极应对,调整自己的经营方针和经营策略。有的企业调整自己的产品结构,积极创新,开发新产品,开发出集交通、游玩、比赛、体育锻炼于一体的多功能自行车。这种多功能自行车,购买一辆需要 200～300 美元,一顶头盔需要 150 美元,各种配套用品需 250 美元,更换零件平均需 100 美元。这种连带消费,给开发多功能自行车的厂家带来了滚滚财源。

而此时的雷利公司仍然抱着自行车是交通工具这一传统观念不放,没有进行创新,未开发新产品,被其他同行抢了先,失去了市场。到了 1982 年,雷利自行车公司被英国杜比投资公司收购。

[复习思考题]

1. 加强企业技术管理有什么重要意义?

2. 企业技术管理的主要任务是什么?

3. 企业引进技术有哪些方式,它们各有什么特点?

4. 加强企业技术改造有什么重要意义?

5. 企业技术创新有哪些方式?

6. 什么是产品创新?产品创新常见的策略有哪些?

职校生成长故事（八）

　　正当洪波准备引进新技术开发新产品时，不料喷漆车间在一天晚上突然起火，造成喷漆生产线及待喷漆的半成品全部报废，直接经济损失4500多万元，幸好没有人员伤亡。这给刚刚起步的SP公司一个沉重的打击。灭火后洪波立即组织人员调查失火原因清理现场……

　　洪波在总结这次失火事件的经验教训大会上说：不论是老企业还是新企业，安全文明生产要常抓不懈，道理非常简单，生产必须安全，安全才能促进生产。会后洪波召集车间与有关部门负责人制定了安全生产检查制度与安全生产责任制度，并对员工实施安全生产教育。

第八章　企业安全生产与环境保护

安全生产事关国家、企业、员工三者的利益,因此在生产中必须加强劳动保护,保障员工的安全与健康,这样才能使企业的生产活动顺利进行,劳动者也只有在安全文明的环境中进行生产劳动,才能发挥其积极性与创造性。

企业在生产过程中,不仅要消耗资源,还要排放"三废"。因此,在发展生产的同时,还要重视环境保护,使生态保持平衡,实现可持续发展。

第一节　安全文明生产

安全文明生产是生产管理的一项重要内容,是社会化大生产的客观要求,是建设高度的物质文明和精神文明的需要。

一、安全生产

（一）安全生产及其目的

1.安全生产

安全生产是指在生产劳动中保障人身安全和设备安全,预防和消除对人身和设备危害因素的一系列保证措施。

2.安全生产的目的

安全生产就要保证生产过程全部生产要素的正常运行,不因发生事故而中断或发生非正常损耗;要保证劳动安全,不因发生事故而中断劳动过程和发生人身伤亡事件。它是生产安全和人身安全的统一。

在安全生产工作中,要树立"安全第一,预防为主"的思想,正确处理"生产必须安全,安全促进生产"的辩证统一关系。

（二）安全生产工作的特点

1.预防性

必须把安全生产工作做在发生事故之前,尽一切努力来杜绝事故的发生。

2.长期性

只要企业生产活动还在进行,就有不安全的因素存在,就必须做好安全工作。它是一项长期的、经常的、艰苦细致的工作。

3.科学性

安全工作有其自身的规律性,各种安全制度、规程都是经验的总结。只有不断学习有关安全的科学知识,才能掌握生产的主动权。

4.群众性

安全生产是一项与广大群众切身利益相关的工作,只凭少数人是做不好的,必须使它建立在广泛的群众的基础上。只有人人重视安全,安全才有保证。

(三)安全生产的实施方法

1.制定和严格执行安全生产责任制

建立安全生产责任制,要求各级领导、工程技术人员、管理人员和全体员工都树立起"安全第一"的思想,在各自的工作范围内认真贯彻执行各项规章制度,对安全生产负起相应的责任。建立安全生产责任制的目的,就是为了做到安全工作处处事事有人管;人人管生产,人人管安全;人人生产好,人人都安全。

为了使安全生产责任制得到严格贯彻执行,应把各级领导有关安全生产工作的职责,纳入到工作岗位责任制和经济责任制中,奖惩分明,以调动广大员工的积极性。

2.加强安全生产宣传教育

有计划地开展安全生产宣传教育工作,提高全体员工对安全生产重要性的认识和安全技术水平,是实现安全生产、预防伤亡事故和职业危害的一项重要任务。

安全生产教育的内容,包括思想教育、方针教育、法制观念教育和安全技术知识教育。安全生产教育的形式,包括三级教育、经常性教育和特种作业的专门教育。三级教育是指新入厂员工的入厂教育、车间教育和岗位教育。经常性教育是贯穿于生产活动之中的对员工经常性的安全教育,通常采用安全会议、班前班后会、出通讯、简报、黑板报等形式。特种作业的专门教育,对操作者本人及他人与周围设施有重大危害因素的作业,如电气、起重、锅炉、易爆易燃、厂内机动车辆、登高作业等专门训练,并经考试合格,发给安全操作许可证,才准作业。

3.建立安全生产的定期检查制度

安全生产检查,是推动安全生产的一个重要方法。通过检查,能够发现问题,总结经验,采取措施,消除隐患,预防事故的发生。

安全生产检查的主要内容是:

(1)查思想认识。首先是检查领导对安全生产是否有正确的认识,是否能正确处理安全与生产的关系,是否认真贯彻安全生产和劳动保护的方针、政策和法令。

(2)查现场、查隐患。主要是深入生产现场,检查劳动条件、安全卫生设施是否符合安全生产要求,特别要注意对一些要害部位进行严格检查。

(3)查管理、查制度。检查各种技术规程的执行情况,厂房建筑和各种安全防护设备的技术情况,个人防护用品保管和使用的情况等。

安全生产检查,必须有领导地经常地和定期地进行,采取领导与群众相结合的办法。检查应当和评比、奖励、采取措施相结合,注意表扬好人好事,宣传和推广有关安全生产的先进经验。

4.做好伤亡事故的调查处理

(1)伤亡事故的报告。企业员工发生伤亡,大体上分为两类,一是因工伤亡,二是非因工伤亡。一般来讲,员工因生产和工作而发生的伤亡,或虽不在生产和工作岗位上,但因企业的设备或劳动条件不良而引起的员工伤亡,都按因工伤亡处理。

伤亡事故,按伤害程度的不同,可分为轻伤事故、重伤事故、死亡事故、同时伤及三人以上的多人事故。企业发生伤亡事故后,必须及时报告。

(2)伤亡事故的调查处理。伤亡事故调查处理的目的,主要是找出事故原因,查明责任,吸取教训,采取措施,防止事故再次发生。

对事故的调查分析,应切实做到"三不放过",即事故原因分析不清不放过;事故责任者和群众没有受到教育不放过;没有采取预防措施不放过。

对造成事故的责任者要严肃处理。对于那种玩忽职守,不遵守安全制度,违章作业或违章指挥所造成的伤亡事故,应根据情节轻重,给予必要的处分,严重的应追究法律责任。

二、文明生产

(一)文明生产及其意义

1.文明生产

文明生产是指按照社会化大生产的客观要求,科学地从事企业的生产活动。它包括文明施工、文明行车、文明装卸,等等。这就是说,企业从事一切生产活动,都应当讲文明、讲科学。

安全生产是文明生产的重要保证。讲文明必须重安全,有了安全才能文明。安全生产是文明生产的必然结果,文明生产是安全生产的更高发展。

2.文明生产的意义

(1)关系着物质文明的建设

现代化企业的生产过程,是由具有科学技术知识的人,掌握和运用机器和机器体系,按照大生产规律的要求,使劳动对象发生物理的、化学的变化,生产出物质产品,同时排出废弃物的过程。人们只有遵照社会化大生产的客观要求,执行各项规章制度,进行生产活动,才能获得预期的结果。这就是说,企业的生产,只有讲文明、讲科学,才能生产出真正的物质财富,创造出人类的物质文明。反之,不讲科学,不按社会化大生产的规律办事,搞脱离实际的高指标,瞎指挥,或者不要合理的规章制度,任意蛮干,必然造成生产管理混乱,事故频繁,效率低,质量差,环境污染等,这就不是文明生产,而是野蛮生产。这不仅不能创造物质财富,而且只能给物质文明建设造成极大的危害。

(2)关系着精神文明的建设

文明生产体现着一种厂风,表现着一种求新、进取、奋发向上的精神。在企业里,生产秩序正常良好,全厂上下团结一心,各级领导作风深入,解决问题雷厉风行,员工安全健康得到保证,厂容清洁卫生,环境优美等。这些不仅是企业精神文明的反映,而且也是文明生产的要求。

(二)文明生产的内容

有的企业把文明生产仅仅理解为保持整洁、搞好绿化。这些固然重要,但很不够。从实践来看,文明生产有更广泛的内容,一般说有三个基本点:一是文明的人,即文明的生产者和管理者;二是文明的管理;三是文明的环境,包括文明的现场、安全生产等。这三点是相互联系,不可分割的。因为,只有文明的人,实行文明的管理,建设文明的环境,才能实现文明的生产。具体讲,有如下内容。

1.文明的生产者和管理者

文明的生产者和管理者是指有职业道德修养的,有文化知识的,能够自觉遵守纪律的社会主义建设者。具体来讲有三条要求：

（1）要具有很强的事业心和高度的责任感，对工作极端热忱，爱护国家和企业的利益，能够团结同志，密切协作，敢于同不文明的现象作斗争。

（2）要具有科学技术知识和管理知识，掌握本岗位工作"应知应会"的内容，具有完成本岗位工作的技能，在岗位上能尽自己的职责。

（3）要有良好的作风，即"三老"、"四严"，"四个一样"的作风。"三老"指作为企业员工要当老实人，说老实话，做老实事；"四严"是指对待工作，有严格的要求，严密的组织，严肃的态度，严明的纪律；"四个一样"就是指工作中认真做到：夜班和白班一个样，坏天气和好天气一个样，领导不在场和领导在场一个样，没有人检查和有人检查一个样。

2. 文明的管理

文明的管理有两方面的要求：一是要讲管理的科学化。这就是说，要建立和贯彻一套科学管理生产的规章制度，包括各项责任制度，工艺规程，操作规程，设备维护和检修规程，安全技术规程等；工具要备有工具箱，"对号入座"，防止损坏和丢失；在制品要备有工位器具，防止磕碰划伤；成品、半成品堆放要有条有理；人、机、物之间要有科学的布局和安排，留有必要的通道；产品适销对路，实现优质、高产、低耗、安全等。二是要讲管理的民主化。实现民主管理，充分发挥员工管理企业的积极性和创造性。

3. 文明的生产现场

文明的生产现场，是指厂房和工作地、机器设备、厂区、厂容等方面要符合一定的要求。厂房和工作地，要墙壁清洁，地面干净，光线充足；有必要的通风、照明、除尘、除雾设备；照明装置有足够的亮度，有足够的新鲜空气，温度、湿度、风速适宜；工作地的人行道、安全区、危险禁区有明确的划分等。

机器设备，要安装牢固，排列整齐，做到"六不"，即不过分拥挤；不"满身油污"；不噪声怒吼；不过分振动；不"张牙舞爪"（要有安全保护装置）；不跑冒滴漏。

厂区厂容，要求清洁、卫生、绿化、美化，做到"三无"、"三多"，即无垃圾，无杂物，无臭水；多栽花、多种草、多植树。

第二节　劳动保护与劳动卫生

我国劳动者在生产中的安全与健康现状严峻。劳动安全和职业健康已成为我国社会经济发展中的一个重要问题，为了劳动者生产的安全与健康，应重视和加强劳动保护与劳动卫生。

一、劳动保护

（一）劳动保护的概念

劳动保护是企业为了保护劳动者在生产中的安全和健康，在改善劳动条件、预防和消除工伤事故和职业病等方面所进行的组织管理和技术措施。

（二）劳动保护的任务

1.预防和消除工伤事故，保护劳动者安全地进行生产

在生产过程中，劳动者时时刻刻在同机械、设备、劳动对象、自然界打交道，有些因素会使劳动者的安全健康受到危害。因此，要采取各种措施来消除这些危害因素，防止事故的发生。

2.开展企业卫生工作，防止和控制职业病的发生，保障劳动者的身体健康

企业生产过程可能产生有毒有害气体、粉尘、放射性物质等危害人体的因素。企业要积极采取防护或治理措施，改善劳动条件，有效地保障劳动者的身体健康。

3.实行劳逸结合，保障劳动者的休息权

劳逸结合可以使劳动者保持充沛的精力，提高劳动效率；可以减少和避免工伤事故；有利于开展员工文化和科学技术学习。为此，要合理安排工作和休息时间，开展适当的文体活动，严格控制加班加点。

4.对女工实行特殊保护

女工是企业的一支重要力量。对女工实行特殊保护，主要是因妇女生理特点的需要。为此，要认真贯彻执行国家对妇女的劳动保护政策，做好经期、孕期、产期、哺乳期的"四期"保护工作。要加强对妇女的劳动保护知识和妇幼卫生知识教育，合理调整女工担负的某些不适合妇女生理特点的工作。

（三）劳动保护工作

劳动保护工作的主要内容可以归纳为以下方面。

1.安全技术

安全技术是为了消除生产中引起伤亡事故的潜在因素，保证工人在生产中的安全，在技术上采取的各种措施的总和。它主要解决如何防止和消除突然事故对员工安全的威胁问题。

2.工业卫生

工业卫生是为了改善生产中的劳动条件，避免有毒有害物质以及噪音、震动等危害员工健康，防止职业病而采取的技术组织措施的总和，它主要是解决对员工健康的威胁问题。

3.劳动保护制度

劳动保护制度由两方面的内容组成。一是属于生产行政管理方面的制度，如安全生产责任制、安全教育制度、安全生产监督检查制度、工伤事故调查分析处理制度，卫生保健制度，劳保用品发放制度等。二是属于生产技术管理的制度，如设备维护制度和安全操作规程等。

二、劳动卫生

（一）劳动卫生的概念

劳动卫生是为了保护劳动者在生产劳动中的健康而规定的卫生要求。

（二）劳动卫生工作的内容

劳动卫生工作的内容包括分析劳动条件对劳动者健康的影响，从工程技术方面控制和消除生产过程中和劳动环境中的一切有毒有害因素；从医疗卫生方面采取预防措施；从组织管理方面制定科学的规章制度。

（三）职业病及其防治

职业病是由于生产环境的化学因素、物理因素、生物因素或不合理的劳动组织，以及恶劣的卫生条件等，对员工造成职业危害而引起的疾病。

我国政府规定，凡法定职业病患者，在治疗和休养期间，以及治疗后确定为残废或治疗无效而死亡时，均按劳动保护条例的有关规定给予劳保待遇。

对职业病要贯彻"预防为主"的方针，不仅要求治疗职业病，更重要的是防止或减少职业毒害的侵袭，创造符合卫生要求的劳动条件。因此，必须采取综合性预防措施，其中包括政策措施、组织措施、技术措施、防护措施、卫生措施和毒害强度的监测等。同时必须根据国家颁发的卫生标准作为评价、改善劳动条件和监督检查的依据。对职业病的医疗，强调早期发现早期治疗，一旦发现职业病的征兆就立即调离有危害的岗位，以减少危害。

（四）职业性危害及预防

在生产活动中，可能影响劳动者肌体的有害因素和不良劳动环境，称为生产性有害因素。长期从事某种职业劳动，而又未能对这些不良影响因素进行及时消除和预防，以致对劳动者的健康和劳动能力产生一定的危害作用，称职业性危害。一般有以下三方面。

1. 生产过程中的有害因素

有害因素可分为化学因素，如各种有毒物质、生产性粉尘等；物理因素，如高温、高湿、高气压、低气压、低温冷冻、电离辐射、非电离辐射、噪声、振动等；生物因素，如在劳动中受疫病、细菌、病毒等感染。

2. 与劳动状况有关的有害因素

与劳动状况有关的有害因素包括作业时间过长、劳动负荷过大、劳动者生理状况不适应、个别器官或系统过度紧张、长时间采取同一体位即不良体位。

3. 与生产环境有关的有害因素

与生产环境有关的有害因素包括厂房狭小、布置不合理、通风照明不良、缺乏防寒采暖和防暑降温设施、卫生防护装置不健全等。

职业性危害将随着生产和科学技术的发展而不断增加，同时随着劳动卫生科学技术的进步而得到控制，其中一些危害可逐步消除。由于具体的职业危害很多，预防措施也各不相同，但其预防原则上与职业病的预防措施相同。

第三节　环境保护

"环境"是我们大家生活的地方，"发展"是在这个环境中为改善我们的命运，是我们应做的事情。现代企业的生产"既要满足当代人的需要，又不对后代人满足其需要的能力构成危害"。因此，企业既要发展生产，又要保护环境，做到可持续发展。

一、环境保护的概念

所谓环境保护，就是采取法律的、经济的、科学技术的综合措施，合理地利用自然资源，防止由于人类活动引起自然生态破坏和环境污染，以保护自然环境，保持自然生态平衡和扩大自然资源的再生产。

自然环境是环绕于人类周围的各种自然因素的总和,包括大气、水、土壤、各种矿物资源和生物资源等。人们从事生产活动和社会活动及人类本身的健康,都需要有一个良好的自然环境。但是,生产过程中排放的"三废"(废气、废水、废渣)中,含大量有毒有害物质,这些物质污染大气和水资源,破坏生态平衡,危害经济建设,同时也损害人民群众的身体健康。因此,我们在发展企业的同时,必须高度重视环境保护工作。

二、环境保护工作的方针与基本原则

(一)环境保护的方针

我国环境保护工作的方针是:全面规划,合理布局,综合利用,化害为利,依靠群众,大家动手,保护环境,造福人民。

(二)环境保护工作的基本原则

1.预防为主,全面规划,合理布局

工业污染物对环境的污染和破坏,具有危害性大、影响面广、治理困难、费用昂贵等特点。必须从消极的"善后处理"转到积极的"预防为主"的方针上来,做到防患于未然。

全面规划,合理布局,就是对一个地区的工业与农业、工业生产与人民生活、发展工业与城镇建设等各方面关系中的环境保护问题,作出通盘考虑,全面安排,使各方面得到协调发展。在规划布局时,不但要考虑经济因素、环境因素,还要考虑发展的规模和方向。严禁污染环境的企业建在城镇上风向、水源上游、地下水补给区、居民稠密区和风景旅游区;对关联产品、副产品、污染物回收有密切联系的工厂,可以成群组地布局,实行工业小区内部污染物封闭循环。布点要和城镇建设结合起来,统一规划,统一治理。

2.综合利用,化害为利,变废为宝

综合利用,就是对已有污染物进行回收利用,实现"三废"资源化,从而达到化害为利,变废为宝的目的。国家对"三废"综合利用采取鼓励政策,主要有以下两点:

(1)企业排放污染环境的"三废",在没有综合利用前,其他单位可以利用的,一般应免费供应;对经过加工处理的"三废",可以收取加工费。供需双方要建立固定的协作关系,未经双方同意不得改变。

(2)对开展"三废"综合利用的产品,经省、市、自治区人民政府批准,可以给予定期减税、免税照顾。

3.依靠群众,大家动手,自力更生

保护环境,直接关系人民群众的切身利益和子孙后代的幸福。搞好这项工作,必须走群众路线,人人动手,从长远利益着想,依靠企业自身力量,积极解决自己企业的污染,保护自然环境。

4.谁污染谁治理,谁开发谁保护

已造成污染的企业,应对"三废"污染进行积极的治理,一时难以彻底治理的,首先要尽可能减少"三废"的排放量,然后逐步治理。

根据国家规定,企业排放"三废",要向环保部门交纳排污费。目前我国普遍执行的是超标排污制度,超标排污费的80%还要返回企业,用于治理污染。超标排污费是按照国家规定的"三废"排放标准程度和未进行治理的时间长短确定收费多少。超标越多,未治理时间越长,收费越高。

5.严格执行"三同时"制度

"三同时"是指新建、改建、扩建的工业企业,在基本建设中实行防治污染设施与主体工程同时设计、同时施工、同时投产的规定。在试车投产时,必须经过环境保护部门验收,未经取得验收合格证的工程,即使建成也不得开工生产。

对有污染环境的工业企业,必须从建设工作一开始就抓"三同时"。在编制和审查计划任务书的过程中,一定要明确保护环境的要求,工程项目的设计文件要包含环境保护的内容。国家对新建、扩建、改建的企业实行《环境影响报告书》评审制度。企业向有关部门申报文件中,必须有《环境影响报告书》报环境保护部门评审。

三、环境保护的主要措施

(一)大气污染及防治

大气污染是由于工业企业和生活用煤烟的排放,造成空气中有害物质含量超过大气正常的标准,从而构成对人体、动物、植物危害的现象。

大气污染按能源性质和污染物组成,可分煤炭型污染、石油型污染、混合型污染和特殊型污染四类。大气污染的危害很大,主要是削弱农作物的光合作用,抑制植物生长,使农作物产量下降,品质变差;另外对人体健康具有低浓度、长期慢性作用的特点,是慢性支气管炎、肺气肿、支气管哮喘等呼吸道疾病的直接原因或诱因,有的甚至对人体产生致癌效应。

工业废气的有效处理措施,基本上可分为分离法和转化法两大类。分离法是利用外力等物理方法将污染物从废气中分离出来;转化法是使废气中的污染物通过化学反应然后分离或转化为其他物质,再用其他方法处理。

(二)水污染及防治

工业企业排放的污染物引起水体质量下降,破坏水体原有用途,对农业、渔业和人民饮水都会带来严重危害。

1.废水主要来源

(1)含无机物质的废水,来自冶炼、煤矿、建材企业;

(2)含有机物的废水,来自食品加工、炼油和化工企业;

(3)同时含有机物和无机物的废水,来自炼焦、造纸、印刷、制革和制药等企业。

2.治理废水的方法

(1)废水物理处理法。主要是利用物理作用,将不溶解的呈悬浮状态的污染物,从废水中分离出来的方法。

(2)废水化学处理法。主要是利用化学反应(如中和法、化学沉淀法、氧化还原法)去除废水中呈溶解、胶体状态的物质。

(3)废水生物处理法。利用微生物的代谢作用,使废水中呈溶液、胶体以及微细悬浮状的有机污染物,转化为稳定的无害物质。

(4)废水物理化学处理法。通过物理和化学综合作用,如离子交换、电渗析等,使废水得到净化。

(三)固体废弃物污染及防治

企业的固体废弃物,如煤矸石、煤灰渣、冶金渣、化工渣和工业垃圾等,一方面来自矿山开采和冶炼过程中的矿业固体废物;另一方面来自煤炭、冶金、化工、食品、建材、机械、皮革、造纸等加工过程中的废渣。

1. 固体废弃物对环境造成污染

(1)对水体的污染:直接将固体废弃物倒入水域,或固体废弃物经雨水冲刷流入水域。

(2)对大气的污染:固体废弃物在燃烧时会产生有害气体。

(3)对土壤的污染。

2. 固体废弃物的利用和处理方法

(1)经过简单的工艺处理,加工成某些工业原料。

(2)对不能或暂时不能利用的固体废弃物,需要选择适当的荒山、荒坡堆积,或充填已废弃的矿井,或覆土造田。

四、企业厂区绿化

为了保护和改善企业的环境,达到防治污染的目的,要充分利用企业厂区的房前、屋后、路旁的空地,植树、种草、栽花,实现厂区绿化,以调节温度、湿度、吸灰吸尘,净化空气、水体,降低噪音。

[案例思考七]

大兴安岭特大火灾

1987 年 5 月,我国黑龙江省大兴安岭林区发生特大火灾。这场森林大火的过火面积达 101 万公顷,除了许多原始森林毁于一旦外,还烧毁了储木场的存材 85 万立方米,粮食 325 千克,房屋 61.4 万平方米,包括汽车、拖拉机等各种设备 2500 台,死亡 193 人,受伤 226 人,受灾群众达 56092 人。整场大火自 5 月 6 日烧起,扑救持续了 25 天,参加扑救的军民共有 58800 余人,为此所耗费的人力、物力、财力以及给生态环境所带来的危害,已经不能用金钱来计算、估量了。事后调查原因,这场大火的起因竟是由于西林吉林业局的河湾、古莲林场的伐木工人在使用割灌机时违反操作规程导致走火和在野外吸烟而引起的。正是这些不注意安全生产规程的违章作业酿成了这场大祸,牵动了全国人民的心,甚至全球都为之震动。

[复习思考题]

1. 文明生产包含哪些内容?
2. 就业后,你打算如何做好安全生产?
3. 劳动保护工作有哪些内容? 如何做好劳动保护工作?
4. 企业在改建、扩建、新建时,为什么要严格执行"三同时"制度?

职校生成长故事（九）

　　洪波在处理完失火事件后，他冷静地思考着。企业产品是靠一线生产员工来制造，产品的质量是制造决定的，工作环境的好坏，劳动工具半成品在工作地的摆放是否科学合理都直接影响着员工的劳动效果。因此要管好生产、管好质量，就要从他们工作的地方——生产现场抓起。于是洪波与设备科、工艺科、生产科的负责人商量，决定对各生产车间机器设备、半成品的摆放以及半成品的运输线路作出适当调整，然后根据方便组织生产的原则，对半成品、劳动工具等摆放进行划格定置。并要求各车间要经常开展"5S"活动，以不断提高生产现场的文明程度，确保员工能在良好的工作环境下从事生产劳动。

"5S"活动
从我做起，让我们更有自信

第九章　企业现场管理

　　企业现场管理就是采取相应的技术措施和管理手段,将生产现场诸要素进行优化组合,建立起良好的生产环境和生产秩序,从而实现企业现场管理的科学化、标准化和制度化,促进生产的不断发展,从而实现提高产品质量、降低物资消耗和提高经济效益的目标。

第一节　现场管理概述

　　现场管理是一项基础管理工作,企业高层、中层的许多管理工作必须落实到基层,必须落实到现场。现场管理工作的好坏,体现企业内部的管理水平的高低。因此,企业基层管理人员,应该懂得现场管理的内容与要求,努力做好现场管理工作。

一、生产现场与生产现场管理

　　企业的现场管理,主要是生产现场管理。

　　1. 生产现场

　　生产现场是指直接从事生产活动的场所,包括直接从事产品生产作业或辅助生产作业的车间和班组以及仓库和料场等。

　　2. 生产现场管理

　　生产现场管理就是运用科学的思想、方法和手段,对生产现场的劳动力、劳动工具、劳动对象等各种生产要素合理配置,对生产全过程进行有效的计划、组织和控制,以实现优质、高效、低耗、均衡、安全生产。

二、现场管理与各专业管理的关系

　　1. 现场管理与企业管理基础工作的关系

　　现场管理是企业管理的基础,但不是企业管理的基础工作,企业管理基础工作是优化现场管理的前提和条件,如果没有做好标准化、定额、计量、信息等扎扎实实的基础工作,现场管理就无从入手、无法优化;同时,现场管理是企业管理基础工作的深化和继续。如果现场管理工作薄弱,基础也不会牢固,两者是相辅相成的条件和深化关系。

　　2. 现场管理与各专业管理的关系

　　现场管理是各生产专业管理的落脚点,各种专业管理集中反映在现场管理上。产品要靠现场来制造,优化的效率和工艺要靠现场来实现;技术设备要靠现场来使用和维护;产品质量要靠现场来保证;劳动过程要由现场来组织。因此,各项专业管理是现场管理的基础;而现场管理水平是各项专业管理水平的综合反映。必须把两者有机结合为一个整体,才能提高企业管理的整体功能。

三、现场管理的内容和要求

（一）厂区环境和企业面貌

1. 全厂统一规划定置

对全厂区域绘制定置管理图，标明车间、科室、库房、生产性建筑物、生活设施、绿化卫生区、管道、汽车库、自行车棚等，并注明卫生包干责任部门及负责人。

2. 厂容厂貌环境优美

厂区道路平整、畅通，种树、种花实现园林化，地下排水渠道无阻、不积水、不成涝，"三废"已经或正在治理，效果良好，并取得环保部门的合格证。

3. 生活区卫生整洁

食堂、浴室、医务室、厕所、员工宿舍，做到清洁卫生，确保员工的身体健康。

（二）车间现场环境

1. 车间实行定置管理

绘制本车间定置图，标明办公室、各班组和库房等位置；危险禁区标志鲜明、防护设施齐全、可靠；危险物品要定位和特殊管理；安全通道、消防器材、防护工具等标志醒目；注明车间内管线走向及其直径与容量。

2. 落实标准化、程序化、规范化管理

车间是把技术和管理结合起来进行生产制造的场所，要落实标准化、程序化和规范化。为此，应严格贯彻执行产品标准，工艺规程，设备维修规程，安全生产规程等，做到人人工作都有标准；领料、退料按出入库程序进行，物料在生产中按工艺流程的程序运转；产品检验按检测程序检验；各种原始记录、统计分析等信息资料准确无误，按规定程序及时反馈和传递；特殊工种应经过培训合格后持证上岗，做到生产事事按程序，人人行为按规范；严格劳动纪律，准点上下班，按规定请、销假，当班工作不离岗、不混岗、不串岗。

3. 美化生产和工作环境

车间内墙、地面清洁，光线充足，设备和门、窗、桌椅整洁完好；生产中产生的粉尘、有害气体、噪音等污染不能超过国家规定的标准；环境卫生要符合行业要求。

（三）班组作业现场环境

1. 班组作业现场的定置管理

各工作地设备、工作台、半成品等都有统一规定位置，有标志、使用记录和责任人，定位统一整齐；物料堆放科学合理，便于操作，保证通道流畅；工具、器具按标志存放规定位置，废物及时处理，工作地文明程度高。

2. 严格执行工艺规程

各岗位按工艺路线和工艺要求进行操作；正确使用劳动保护用品，严禁违章操作；原始记录填写及时、准确、完整，按时汇总。

3. 搞好班组文化建设

班组文化园地活泼、美观，内容健康、科学，生产动态及时上墙公布等。

第二节 "5S"活动

"5S"活动是指对生产现场各生产要素(主要是物的要素)所处状态不断地进行整理、整顿、清洁、清扫和提高素养的活动。由于整理(Seiri)、整顿(Seiton)、清扫(Seiso)、清洁(Seikeetsu)、素养(Shitsuke)这5个词在日语中罗马拼音的第一个字母都是"S",所以简称为"5S"。

一、整理——把需要与不需要的人、事、物分开,再将不需要的人、事、物加以处理

这是开始改善生产现场的第一步。其要点是对生产现场现实摆放和停滞的各种物品进行分类,区分什么是现场需要的,什么是现场不需要的;其次,对于现场不需要的物品,诸如用剩的材料、多余的半成品、切下的料头、切屑、垃圾、废品、多余的工具、报废的设备、工人个人生活用品(下班后穿戴的衣帽鞋袜、化妆用品)等,要坚决清扫出现场。这样做的目的是:

(1)改善和增大作业面积;

(2)现场无杂物,行道通畅,提高工作效率;

(3)减少磕碰的机会,保障安全,提高质量;

(4)消除管理上的混放、混料等差错事故;

(5)有利于减少库存量,节约资金;

(6)改变作风、提高工作情绪。

这项工作的重点在于坚决把现场不需要的东西清理掉。对于车间里各个岗位或设备的前后、通道左右、厂房上下、工具箱内外等,包括车间的各个死角,都要彻底搜寻和清理,达到现场无不用之物。坚决做好这一步,是树立好作风的开始。

二、整顿——把需要的人、事、物加以定量、定位

通过上一步整理后,对生产现场需要留下的物品进行科学合理的布置和摆放,以便在最快速的情况下取得所要之物,在最简便和最有效的规章、制度、流程下完成事务。

整顿活动的要点是:

(1)物品摆放要有固定的地点和区域,以便于寻找和消除因混放而造成的差错。

(2)物品摆放地点要科学合理。例如,根据物品使用的频率,经常使用的东西放得近些(如放在作业区内),偶尔使用或不常用的东西则应放得远些(如集中放在车间某处)。

(3)物品摆放合理化,使定量装载的物品做到过目即知,不同物品摆放区域采用不同的色彩和标记。

三、清扫——把工作场所打扫干净,设备异常时马上修理,使之恢复正常

现场在生产过程中会产生灰尘、油污、铁屑、垃圾等,从而使现场变脏。脏的现场会使设备丧失精度,故障多发,便会影响产品质量,使安全事故防不胜防;零乱的现场更会影响人们的工作情绪,使人不愿久留。因此,必须通过清扫活动来清除那些脏物,创建一个明快、舒畅

的工作环境,以保证安全、优质、高效率地工作。清扫活动的要点是:

(1)自己使用的物品,如设备、工具等,要自己清扫,而不是依赖他人,不增加专门的清扫工。

(2)对设备的清扫,着眼于对设备的维护保养。清扫设备同设备的点检结合起来,清扫即点检;清扫设备要同时做设备的润滑工作,清扫也是保养。

(3)清扫也是为了改善,所以当清扫地面发现有飞屑和油水泄露时,要查明原因并采取措施加以改进。

四、清洁——整理、整顿、清扫之后要认真维护,保持完美和最佳状态

清洁,不是单纯从字面上来理解,而是对前三项活动的坚持与深入,从而消除发生安全事故的根源,创造一个良好的工作环境,使员工能愉快地工作。

清洁活动的要点是:

(1)车间环境不仅要整齐,而且要做到清洁卫生,保证工人身体健康,增加工人劳动热情;

(2)不仅物品要清洁,而且整个工作环境要清洁,进一步消除混浊的空气,粉尘、噪音和污染源;

(3)不仅物品、环境要清洁,而且员工本身也要做到清洁,如工作服要清洁,仪表要整洁,及时理发、刮须、修指甲、洗澡等;

(4)员工不仅做到形体上的清洁,而且要做到精神上的"清洁",待人要讲礼貌,要尊重别人。

五、素养——养成良好的工作习惯,遵守纪律

素养即教养,努力提高员工的素质,养成严格遵守规章制度的习惯和作风,这是"5S"活动的核心。没有员工素质的提高,各项活动就不能顺利开展。所以,抓"5S"活动,要始终着眼于提高人的素质。"5S"活动始于素质,也终于素质。

在开展"5S"活动中,要贯彻自我管理的原则。创造良好的工作环境,是不能单靠添置设备来改善,也不要指望别人来代为办理,而让现场人员坐享其成。应当充分依靠现场员工,由现场的当事人自己动手为自己创建一个整齐、清洁、方便、安全的工作环境。使他们在改造客观世界的同时,也改造自己的主观世界,产生"美"的意识,养成现代化大生产所要求的遵章守纪、严格要求的风气和习惯。因为是自己动手创造的成果,也就容易保持和坚持下去。

第三节 定置管理

定置管理是使处在生产现场的"物"在空间的摆放位置适应生产的需要,并且使这些"物"的使用流向固定化、程序化、标准化,它为生产者在规定的时间内,用最低的成本制造出用户满意的产品创造条件,实现人、物、现场在时间和空间上的优化组合。

一、定置管理及其作用

（一）定置管理

定置管理就是把物品摆放到科学的固定位置并使之规范化的管理。

（二）定置管理的作用

1.提高产品质量

(1)合理定置,防止物品乱堆乱放、挤压变形、磕碰、划伤现象发生。

(2)防止正品、次品、废品混淆;防止有质量问题的半成品流入下道工序。

2.降低物资消耗

(1)加强在制品管理,可以减少积压,促进流动资金周转。

(2)工具箱物品定置标准化,可以准确地确定各种物品的消耗定额,减少个人占用的流动资金。

3.提高工作效率

(1)科学定置,促使生产过程中物流更加合理,有利于缩短摆运路线,减轻操作人员的劳动强度,缩短生产周期,提高效率。

(2)由于物品存放达到标准化、规范化、系列化,各种信息的零件卡、缺件卡、工作记录有统一位置存放,管理才能随时察看,及时发现问题并加以解决,提高办事效率。

4.有利于文明安全生产

(1)实现生产现场管理科学化、规范化,彻底治理脏、乱、差现象,真正做到"道路畅通窗户明,物品分类区域清,加工工件不落地,各道工序有器具",建立优美的生产环境,促进文明生产。

(2)生产现场通道畅通,物品码放整齐,减少不安全因素。另外对易燃、有毒、易污染环境的物品实行特别定置,强化安全生产。

二、人与物的结合状态及其相应的标志

在生产现场中,人、物、现场三者的结合是否合理,主要取决于人与物在现场中处于什么样的结合状态。一般可分为 A、B、C、D 四种状态。

A 状态。符号为圆,用果绿色底黑字标志,指人与物紧密结合状态,即人与物经常发生关系,直接影响产品质量和生产效率的可移动物品。

B 状态。符号为马蹄形,用浅红色底黑字标志,指人与物松弛结合状态,即人和物周期性联系的半紧密结合状态或随时可以转化为 A 类的物品。

C 状态。符号为等边三角形,用橘黄色底黑字标志,指人与物处于相对固定状态,即人与物非周期性联系的半紧密结合状态,以非加工对象为主。

D 状态。符号为正方形,用乳白色底黑字标志,指人与物失去联系的状态,即废弃状态,主要指已报废或长期无用已失去意义的物品。

上述四种状态实际可归纳成三种状态,即甲类:紧密结合状态,即上述的 A 类状态;乙类:半紧密结合状态或松弛结合状态,亦相对固定状态,即上述 B、C 类状态;丙类:废弃状态,即上述 D 状态。上述内容可归纳成表 9-1。

表 9-1　生产现场人、物与场地之间的结合状态及标志

代　号	结合状态名称与含义	标　志	颜　色
A	紧密结合状态 立即要加工、正在加工或刚加工完的工件、正在组装的零部件、产成品或装配完未交检的部件、成品,在用量检具、辅具等	$\phi\alpha$ 的圆内标 A	果绿色底黑字
B	松弛结合状态 暂存放于生产现场不能马上进行加工或运到下道工序的工件	$R=\dfrac{\alpha}{2}$ 标 B	浅红色底黑字
C	相对固定状态 以非加工对象为主,如机床附件、工艺装备、吊具、运输车、辅具、辅料、暂封存的设备、工装等	α 宽倒三角形内标 C	橘黄色底黑字
D	废弃状态 各种废弃物品,如废料、废品、料头、边角废料、铁屑、垃圾及与生产无关的物品等	$\alpha \times \alpha$ 方形内标 D	乳白色底黑字

　　总之,定置管理的实质就是要彻底清除现场中的 D 状态,管好和转移好 C 状态,不断整理改善 B 状态,抓好 A 状态,达到定置动态优化,以取得最大的经济效益。

三、定置管理的内容

1. 企业定置总图

　　在企业平面布置图的基础上将各单位分区划类,把生产区、办公区、生活区、仓储区用符号或文字形式科学、合理地表现在定置图上,这个图就是企业定置总图,可用图板形式上墙。

2. 生产现场区域定置管理

　　(1)A 类区。放置 A 类物品,即在用物品,如在用的工、卡、量、辅具等,正在加工交检的半成品,正在装配的零部件,当批待加工、已完工的工件等。

　　(2)B 类区。放置 B 类物品,即待用物品,以加工对象为主,如待上场的储备物品及待转下道工序的物品,计划内投料的毛坯、加工周转的半成品、待装配的外购配套件、标准件等。

　　(3)C 类区。放置 C 类物品,即代管物品,以非加工对象、非周期性使用的物品为主,如机床附件、工艺装备、吊具、运料车、辅具、辅料、暂封存的设备等。

　　(4)D 类区。放置 D 类物品,即待废弃的物品,如长期无用已经报废或失去使用意义的物品,包括废品、料头、垃圾等。

3. 工具箱内物品定置管理

　　(1)A 类区,即最上层。放置经常使用的量、卡、工具等。

　　(2)B 类区,即中间层。放置不是经常使用的工具、辅具等生产用品和劳保用品等。

（3）C 类区，即底层。放置生活用品及其他物品。

工具箱内绝对不允许放置 D 类物品。工具箱定置图贴在工具箱门内壁。

4.仓库定置管理

要求做到"五五码放、四号定位"，区、架、层、位、账、卡、物相符。

（1）A 类区。定置在发料口较远的位置，放置大量生产经常领用的物品。

（2）B 类区。定置在发料口较远的位置，放置单件、小批量生产不经常领用的物品。

（3）C 类区。定置在发料口最远的位置，放置很少领用或长期不用但尚不能处理报废的计划外物资等。

（4）D 类区。即废品及长期不用、准备报废的物品。

5.质量检查现场定置管理

检验现场应分清合格品区、待检品区、待处理品区、废品区，凡生产好的产品先存放待检品区，经检验合格的存放在合格品区，报废的存放在废品区，需要返修及回用的放在待处理品区。

四、推行定置管理的方法

可分为准备阶段、整理整顿阶段、划格定置阶段、经常管理阶段等四个基本步骤，具体做法是：

1.准备阶段

（1）建立组织、明确职能；

（2）制定工作步骤和落实措施；

（3）组织参观学习、宣传、培训等工作；

（4）必要的物资准备。

2.整理整顿阶段

（1）运用作业分析和工艺分析，分析产品工艺路线及批量。据此确定是否要调整工艺路线，规定合理的物流流程，防止物流阻塞。

（2）做好生产现场物品的清理登记，要分清"要"、"不要"和"保留"。不要的要坚决清出，保留的要限时处理，凡本部门不用的可转其他部门。废品、返修品、有价值的废料、垃圾应分别处理。

（3）彻底清扫，做到六面光。根据分析生产现场人、物与场地的结合状态，初步划分相对的定置区域，规定毛坯、半成品和成品的合理安放位置，以便操作取放。这时可以不要急于划区域线，先试行一个阶段，若有不当之处还可以调整。

3.划格定置阶段

根据初步定置并试行后的情况，进行必要的修改和补充，如果条件已成熟，就要绘制正式定置图，实行现场分类划区，各类物品准确到位。

4.经常管理阶段

（1）根据划定的定置区域要不断进行经常性的"5S"活动。

（2）采用合理的工位器具，各类物品根据其特点存放在工位器具中，绝对不允许随地乱丢。

（3）建立定置管理的信息系统，建立定置台账。

五、推行定置管理的注意事项

1.要坚持经常性的"5S"活动。做到不断地清除 D 状态,管好 C 状态,改善 B 状态,抓好 A 状态,使定置管理经常化、规范化、科学化,这是一个动态过程,四种状态是可以相互转化的,固定是相对的。

2.企业要根据自身特点,依据定置管理的基本原理,制定不同的定置方法。并且要随着生产活动的变化而及时研究现场的人、物、环境三要素的变化,随时修改定置关系,实行定置的动态优化。

3.推行定置管理要同生产管理、工艺管理、技术管理、设备管理等工作相结合,相互促进,发挥企业管理的总体功能。

第四节　现场质量管理

产品质量不是检验出来的,而是在生产制造过程中形成的,因此加强生产现场的质量管理,对于提高产品质量,增进企业经济效益意义重大。

一、现场质量管理及其目标

1.现场质量管理

企业现场质量管理指的是生产第一线的质量管理,也就是从原材料投入生产直至产品完成入库的整个制造过程中所进行的质量管理。它的工作和活动重点部分都在生产现场。

2.现场质量管理的目标

现场质量管理的目标,是生产符合设计要求的产品,或提供符合质量标准的服务,即保证和提高产品制造质量。

制造质量同企业的经济效益有密切的关系。工业企业产品的制造质量高,就意味着产品的合格品率高;意味着制造过程的工艺条件稳定,能够持久地保持高的合格率;意味着制造过程中影响质量的各项因素都处于受控状态,能够预防产生不符合设计要求的产品。所有这些都必然带来不合格品减少、废品损失费用下降的结果,从而为企业增加经济效益。

二、现场质量管理的任务

根据产品质量的形成规律,以及全面质量管理的特点和要求,为了达到产品制造质量的目标,稳定、经济地生产出用户满意的产品,现场质量管理的任务可以概括为以下四个方面。

1.质量缺陷的预防

质量缺陷预防,也就是预防产生质量缺陷和防止质量缺陷的重复出现。质量缺陷,指的是产品加工后出现的不符合图纸、工艺、标准的情况。有质量缺陷的产品可能造成产品报废、返修、降等或回用,给企业经济上带来损失和生产的被动。所以,做好质量缺陷的预防工作,把产品的缺陷消除在产生之前,防止成批产品报废,是现场质量管理的重要任务。

2.质量维持

质量维持,就是利用科学的管理方法和技术措施去及时发现并消除质量下降或不稳定的趋势,把产品的制造质量控制在规定的水平(即合格率或一次合格率)上。

3.质量改进

质量改进,也就是不断提高产品制造质量。任何领域都存在着可以改进、提高的机会。生产和服务现场的质量改进,指的是要运用质量管理的科学思想和方法,经常不断去发现可以改进的主要问题,并组织实施改进,使产品合格率从已经达到的水平向更高的水平突破。例如,使产品合格率从已经达到的90%提高到95%的过程,就是质量改进的过程。

4.质量评定

质量评定,就是评定产品符合设计、工艺及标准要求的程度。从一定意义上说,正确、及时而经济地评定质量,要靠恰当的检验才能实现。单纯的质量检验只能从完工的产品中鉴别出不合格的产品,使之不转入下道工序、不入库、不出厂。而不合格产品已经出现,其造成的经济损失和对正常生产活动造成的影响已成事实,无法避免。因此,质量评定的作用要在质量检验的基础上加以扩展。

质量评定的目的有三个:一是鉴别质量是否合格,或鉴别质量的等级,使不合格的原材料、半成品不投入生产线,不合格的产品不转入下道工序,不合格的产品不出厂;二是预防质量缺陷的产生;三是要为质量维持和质量改进提供有用的信息。

三、一线生产员工在现场质量管理中的职责

每一个生产员工都担负着一定的工序加工任务。而操作者的技能、工作质量是影响产品质量的直接因素。生产员工应认真执行本岗位的质量职责,坚持"质量第一",以预防为主、自我控制和不断改进的思想和方法,把保证工序加工的制造质量作为自己必须完成的任务;争取最大限度地提高工序加工的合格率和一次合格率,以优异的工作质量保证产品质量,使下道工序或用户满意。在现场质量管理中,生产员工要认真做好以下几点。

(1)熟悉设计图纸、内控标准和工艺,正确理解和掌握每一项要求,分析达到要求的可能性和存在的问题。

(2)按图纸标准和工艺要求,核对原材料、半成品,调整规定的设备、工具、量具、仪器、仪表等加工设施,使之处于完好状态,严格遵守工艺规程。

(3)研究分析工序能力,预防和消除异常因素,使工序处于稳定的控制状态,对关键部位或关键质量特性值的影响因素,进行重点控制。

(4)定期按规定做好加工原始记录及合格率、一次合格率的记录与统计,并将其同规定的考核指标比较,进行自我质量控制。

(5)研究提高操作技能,适应质量要求的需要,练好基本功。

(6)严格"三按"生产,做好"三自"和"一控"。

"三按"是按图纸、按工艺、按标准生产。"三自"是工人对自己的产品进行检查,自己区分合格与不合格的产品,自己做好加工者、日期、质量状况等标记。"一控"是指控制自检正确率。自检正确率是专检人员检验合格数与生产员工自检合格数的比率。操作者应力求自检正确。

(7)做好原材料、半成品的清点和保管。做到限额领料;专料专用;余料、废料及时退回;严防混料,严防材料变质。

(8)搞好原材料、工夹具、模具和计量器具的维护、保养和正确使用。

(9)坚持文明生产,做好经常性的整理、整顿、清扫和定置管理,保持良好的环境条件,为操作方便做到工作地、设备、工具、材料、半成品、成品等清洁、整齐;走道通畅,消除造成产品磕碰、划伤、生锈、腐蚀、污染、发霉的一切可能因素。

(10)做好不合格品的管理。对已经产生的不符合标准的不合格品要严格管理,对于不合格品要做好记录、标志,按规定予以报废、降级、筛选或按规定程序经核准后,予以返修或回用。要严格防止以次充好,将不合格品作为合格品处理。同时,对不合格品进行统计分析,查清原因,制定改进措施,争取减少不合格品,预防不合格品的再发生。

(11)坚持均衡生产,正确处理好质量和数量的关系,在保证质量的前提下,争取高速度,做到日均衡、时均衡。不应为赶任务而不顾质量。

(12)积极参加质量管理小组的活动,不断开展现场改善活动。每一个生产工人都要树立不断进取的思想,永不满足已取得的工作成绩;要不断努力去寻找、发现本岗位的不良、不稳定、不均衡、不充分、不合理的现象或问题,制定新的进取目标,挖掘潜力,不断提高质量水平。

四、现场质量控制方法——"三检制"

"三检制"是操作者"自检"、"互检"和专职检验员"专检"相结合的检验制度。

1."自检"

"自检"就是"自我把关"。操作者对自己加工的产品或完成的工作进行自我检验,起到自我监督的作用。自检又进一步发展成"三自检验制",即操作者"自检、自分、自作标记"的检验制度,如表9-2所示。

表 9-2

项目	责任者	职能	管理内容
自检管理	操作者	自检	首件自检 中间自检 定量自检
		自分	不良品自分、自隔离
		自记	填写三检卡 检查各票证、签字

"三自检验制"是操作者参与检验工作,确保产品质量的一种有效方法。产品加工完毕后,操作者必须首先进行自检,判断是否合格。对不合格的制品要随即做好标记,分别堆放,按规定处理。一时确定不了的制品,可请检验员检验后作出是否合格的决定。这样做可以防止不合格品流入下道工序,及时消除异常因素,防止产生大批不合格品。有时操作者还要给自己加工的每件产品打上工号或其他标记。这样,产品无论流转到哪道工序,只要发现问题便可以找到责任者,操作者对产品质量必须负责到底。

2."互检"

"互检"就是操作者之间对加工的产品、零部件和完成的工作进行相互检验,起到相互监督的作用。互检的形式很多,有班组质量检验员对本班组工人的抽检;下工序对上工序的交接检验;本班组工人之间的相互检验等。

3."专检"

"专检"是指专职检验员对产品质量进行的检验。在专检管理中,还可以进一步细分为专检、巡检和终检,如表 9-3 所示。

表 9-3

项目	责任者	职能	管理内容
专检管理	检验员	专检	确认首件自检的结果
			执行检验员责任制度
		巡检	对工序主项的抽查
			对不稳定工序的巡检与指导
			对定位基础尺寸、加工最终尺寸抽检
		终检	执行检验员责任制

在生产现场,配备业务水平较高的专业检验员是十分必要的。随着科学技术的进步,检验技术、测试手段和装备不断发展,并逐步专门化。许多检验工作需要使用专门的检测装备,要求检验人员掌握专门的检验技术和操作技能。同时,生产工人由于专业分工,是主要从事具体的生产活动,对上下各道工序以及整个产品的质量要求了解较少,专职检验人员就没有这种局限,可以站在较高的层次上看待质量问题。

总之,实行"三检制"要合理地确定专检、自检、互检的范围。通常原材料、半成品、成品的检验以专职人员检验为主;生产过程各工序的检验则以现场工人自检、互检为主,专职检验人员巡回抽检为辅。

第五节 工作地文明建设

工作地文明建设是班组作业现场乃至整个车间现场管理的重要内容,加强工作地文明建设,对于提高企业文明生产的程度有着重要的意义。

一、工作地文明建设的含义

工作地文明建设是指在生产现场管理中,要按照现代工业生产的客观要求,为生产现场保持良好的生产环境和生产秩序所需做的工作。

二、工作地文明建设的意义

1. 加强工作地文明建设是现代工业生产本身的客观要求

创造良好的生产环境和生产秩序,是企业实现优质高产、安全运行、按期交货、降低成本的重要保证。现代工业生产大量采用机器设备和先进的科学技术,设备运转高速、高温、高压,产品加工精度高,操作方法严格;再加上生产过程中有着精细分工,要求有严密的配合和协调。这些大生产特点对生产环境和生产秩序提出了严格的要求,遵照这种要求去做,就能获得大生产的高产、优质、低成本的良好经济效益;如果违背了它,将会受到客观规律的惩罚,轻则影响劳动效率,降低产品质量,增加设备故障,增大物资消耗;重则甚至可能污染周围环境,损害员工健康,甚至造成重大安全事故,机毁人亡。

2.加强工作地文明建设是培养员工大生产的意识和习惯,加强精神文明建设的需要

我国现代工业企业的员工,一部分是从手工业生产转移过来的;还有一大批没有经过大工业严格训练的农民、青年学生也相继加入到现代工业生产的员工队伍中来。在他们的身上,还程度不同地残存着小生产的意识和习惯,诸如单凭经验干活,不守纪律,不按操作规程办事,不要规章制度,不注意整洁卫生等。为了提高员工队伍的素质,不仅要提高他们的文化、技术素质,还必须提高他们的思想素质,培养尊重科学,遵守纪律,服从集体的大生产意识。通过加强文明生产的实践,不仅可以改善生产环境和生产秩序,而且在改造客观世界的同时,也改造主观世界,逐步克服小生产习气,强化大生产的意识和习惯。

三、工作地文明建设的内容

工作地文明建设,主要包括以下内容:
(1)严格劳动纪律,遵守操作规程和安全规程;
(2)保持厂区和车间内的清洁和卫生;
(3)厂区绿化,消除三废(废水、废气、废渣)污染;
(4)工作地布置合理,物料堆放整齐,便于生产操作;
(5)配备必要的工位器具;
(6)坚持安全生产,消除各种事故隐患。

由于企业的生产技术条件和具体情况不同,不同企业抓文明生产建设的侧重点也有所不同。例如,钢铁冶金和化工企业的安全生产和环境绿化就比一般行业显得更为突出;而加工装配行业的工作地的合理布置及工位器具的管理就具有重要的地位。

[案例思考八]

常州拖拉机厂现场质量控制的实践

一、概述

常州拖拉机厂是生产小型拖拉机的专业工厂,是机械工业部的骨干企业之一。根据机械工业部有关文件精神,常州拖拉机厂1984年参加了农机行业"生产现场质量控制的课题研究"、厂内企业变速箱体加工自动线现场质量控制的研究和实施工作,1986年取得成果,1988年通过了上级部门的鉴定验收。

二、现场质量控制活动的步骤

1.技术准备

(1)现场难点调查与工艺整顿。生产技术准备、工艺验证、工艺文件的整顿是完善现场质量控制的基础,该厂在企业有关工艺人员进行现场调查时,发现由于原制定的工艺方案和生产技术已满足不了产量增长和质量的要求,为此,厂部研究确定进行工艺路线调整和局部技术改进、补添一些新设备和工装、对工艺文件进行全面修订,同时,验证所使用的工装、设备、检测工具和工位器具是否能满足修订后的工艺方案和质量的要求,为开展变速箱体现场质量控制活动创造了有利条件。

(2)进行产品质量特性值重要度分级。该厂根据原机械部标准《JB/Z220—84 工序质量控制通则》和有关资料,制定了东风手拖系列产品质量特性值重要度分级企业标准,规定的重要度分为A级(关键特性);B级(主要特性);C级(一般特性)三级。

(3)工序质量控制点设置。该厂是由工艺科根据设置控制点的3条原则提出控制点设置明细表,经总师办、全质办、设计科、检验科、设备科、计量科及车间人员评审后确定。变速箱体本厂共设置控制点34个,其中A级特性设置10个,工艺上和质量上需要设置控制点24个。

2."质保文件"的编制与管理

"质保文件"编制与管理应纳入到工厂工艺管理制度中作为工艺文件的一个组成部分,一经批准便具有严肃性和纪律性,作为工艺纪律严格考核。

3.对设置控制点的设备(工装)进行机械能力查定

(1)设备机械能力查定。对控制点的设备,定期地收集机器设备所加工的零件数据进行计算,并求出 C_p 值,然后判断设备是否满足工序质量要求,由设备科提出改进措施,记载在设备技术档案中。

(2)控制点工艺装备验证。目前该厂采用的办法是在验证工装时,所加工的产品零件质量控制在产品尺寸公差的3/4、形位公差的4/5范围内。

4.建立与完善现场质量管理规章制度

(1)完善了工序质量管理制度和工作程序,明确规定有关科室、车间在工序管理中的质量职能、工作程序和考核办法。

(2)完善了质量检验制度和工作程序,明确规定检验人员、计量人员的职责,检验工作程序以及质量事故分析赔偿等制度。

(3)完善了工序质量信息反馈制度和反馈程序,明确一般信息反馈最迟两天给予答复,紧急信息随叫随到立即处理。

(4)完善了现场文明生产和考核规章制度,明确生产现场要经常进行整理整顿,保持清洁整齐的要求,由车间技术组根据工艺料的工艺流程图编制"生产现场整理整顿平面区划图"。1988年在此基础上推行了定置管理。

三、现场质量控制的实践

1.对工序控制点上"人"的管理

(1)对控制点的操作者和检验人员进行质量管理教育。使他们熟悉和掌握控制点的质量要求、操作要求、检测方法、控制图表的使用方法、需要特殊控制的特殊因素以及质量责任等管理制度,并经过考试达到要求。

(2)贯彻实行工序质量管理嘉奖办法。对控制点工人和检验人员按多劳多得的原则,根据工序质量控制的效果每月进行嘉奖。长期控制有效的,实行一次性重奖以及对骨干员工的工资升级等方法。

(3)严格进行质量监督和工艺纪律检查。工厂质量监督组每月两次对全厂生产车间进行质量监督,抽查工序质量和工艺纪律执行情况,对工序质量达不到标准的人员和部门进行通报批评与处罚。

2.对工序控制点上设备的管理

(1)控制点上设备应由设备科列入重点关键设备进行强化管理,按照设备定期检修表规定,对设备本身精度进行周期检修,定期供应设备易损备件,及时更换。

(2)操作者按照日点检表的规定每天进行点检,发现问题及时反馈给维修人员进行解决。

(3)做好预防维修,保证控制点上设备处于完好状态,完好率要求达到100%。非控制点设备完好率也要保持在90%以上。

3.对控制点上的工装管理

(1)由工装管理部门编制周期检定表,按期进行同期检定,发现问题及时维修,工装精度合格率达到100%。

(2)根据工装易损件的磨损极限标准更换周期表,做到及时更换,保证工装质量要求。

4.对控制点上计量器具管理

(1)由计量科编制周期检定表,按期进行周期检定。

(2)在机械加工车间设立检定站定期下班组对使用的量具进行现场校对。

(3)控制点上量具精度合格率要求达到100%,非控制点量具精度合格率要求在97%以上,工艺文件上选用的计量器具是否满足检测能力指数MCP精度值要求,由计量科评审确认。

5. 现场的文明生产管理

(1)车间根据编制的"生产现场整理整顿平面区划图",把与生产有关的设备、工位器具、通道、毛坯、半成品、成品存放地、废品区、待处理品区、工具箱及必要的班组园地,都按平面图规定定位,及时清除和生产无关的东西,做到通道畅通,区域分明,整齐美观。

(2)在制品流转用的工位器具由生产科定期清洗、维修、更新与管理。

(3)工厂成立现场管理监督组,(现为定置管理检查组)每月定期监督检查,并与经济责任制挂钩考核。

6. 现场质量信息的处理

(1)现场质量控制过程中,出现的异常信息要及时协调处理。该厂对生产工序出现的质量异常波动,首先由操作者自己处理;操作者不能解决的,向车间质量管理员反馈,由车间进行处理;车间不能解决的,向有关责任部门和全质办进行反馈,由全质办、总师办直至厂长协调处理。

(2)工厂每月召开一次质量信息反馈会议,对一些倾向性的质量波动信息进行协调处理,作出决议,责成有关部门协同解决,并与经济责任制挂钩考核。

7. 强化质量检验系统

(1)质量检验仍是生产现场质量控制的一个很重要的环节,该厂检验科及时调整充实检验人员,平均技术等级 6.25 级,充实中间库抽检人员,技术等级为 8 级。

(2)严格质量把关,加强首件、巡回和完工检查工作。入库前又按照 GB2828-81 进行抽样检验,符合要求方可入库,并判断质量等级,实行优质优价,对确保产品零件入库质量取得一定成效。

四、所取得的效果

1. 经济效果

(1)产量逐年大幅度增长(每年增长速度为 20%)。

(2)单台废品损失金额逐年减少,从 1984 年的 1.11 元/台降到 1987 年的 0.89 元/台。

(3)设备故障停机率逐年下降,从 1984 年的 6.5% 降到 1987 年的 3.9%。

(4)单台工具易耗费用逐年减少,从 1984 年的 0.86 元/台降到了 1987 年的 0.79 元/台。

2. 质量效果

产品质量比较稳定,产品质量零件项次合格率一直保持在优等品水平上。

3. 管理效果

(1)改革了传统工艺管理、发挥了工艺部门在现场质量管理的主导作用。

(2)促进了与现场质量管理有关部门的质量职能的落实。做到了用全面质量管理的思想方法来改革深化各部门专业管理,并在生产现场做到了质量管理与各专业管理的一体化即"一张皮"管理,取得了较好的成效。

[**复习思考题**]

1. 什么是生产现场管理？加强现场管理有什么重要意义？

2. 什么是"5S"活动？"5S"活动有什么具体要求？

3. 什么是定置管理？定置管理有什么作用？

4. 生产现场定置管理可划分为 4 个区，各区的含义与标志是什么？

5. 现场质量管理有哪些任务？

6. 什么是"三自检验制"？企业生产现场质量控制实行"三自检验制"有什么意义？

7. 加强企业工作地文明建设有什么意义？

职校生成长故事(十)

　　洪波在整顿了生产现场后,又考虑要加强班组建设。一方面班组长及班组的生产员工均是职校刚毕业的学生,他们需要多方关爱;另一方面班组是企业最基本的管理单位,企业各项管理措施需要班组落实,企业的生产安排、生产进度的控制、产品的质量、工艺的执行等生产活动需在班组中展开,因此搞好班组建设是做好企业生产管理的基础。于是洪波草拟了一个计划:

　　(1)由人事培训部负责对现任班组长进行培训,以提高他们的管理能力与整体素质;

　　(2)在班组中建立团小组、工会小组,并由团组织、工会组织负责开展丰富多彩的文体活动,以提高班组的凝聚力;

　　(3)各班组之间要积极开展劳动竞赛,以提高员工的劳动技能水平;

　　(4)订立班组岗位责任制度,对照岗位责任制每月、季、年进行考核,以调动员工生产劳动的积极性。

第十章　班组建设

班组是企业最基础的生产单位和管理单位,班组是企业实行分级管理不可缺少的最基层单位,班组是企业生产不可缺少的环节。企业要健康发展,必须加强班组建设。

第一节　班组与班组建设

班组是企业的细胞,是员工进行生产劳动和开展日常活动的主要场所,也是生产现场的主体。因此,了解班组的特点及作用,对于加强班组建设有着十分重要的意义。

一、班组概念

班组不是历史上从来就有的,它是生产社会化和协作分工发展的产物。

班组是根据产品或工艺要求,由若干相同或不相同工种的工人及若干设备、工具、材料等,有机地组合在一起的最基础的生产单位和管理单位。班组长由不脱离生产的员工担任。

二、班组的特点

班组作为车间或厂部和员工之间的桥梁,有着它自己的特点。这些特点概括起来四个字,即:小、细、全、实。

1. 班组结构的特点——小

所谓"小"是指班组的范围小。一个班组,所属员工少则十来人,多则不过几十人,生产设备有的只有一、两台,多的不过十几台,生产的产品有的只是一种,有的还是一种产品中的某几道工序。生产的方式比较单一,有的是全组人员从事同一种工种,有的从事同一工序,有的是几个工种或几道工序的简单组合。因此,再大的班组,它与企业的车间、工段比较,无论从哪个角度看,都显得小得多。

2. 班组生产管理的特点——细

所谓"细",是指任务分配细,各种考核细,管理工作细。如把生产任务从企业落实到车间,从车间落实到班组,从班组落实到个人,通过这个过程,把一项完整的任务分解为局部任务,进而变成个人指标。因此班组生产管理是面向每一个人,把任务落实到人,考核落实到人,管理落实到人。由此可见,班组的生产管理,是整个企业生产管理中最细的一个层次。

3. 班组工作的特点——全

所谓"全",这是因为班组是企业各项工作的落脚点,上级的各项工作都要通过班组贯彻下去,"麻雀虽小,五脏俱全",这话是对班组工作"全"这个特点的一个确切比喻。

4.班组长工作的特点——实

所谓"实",一是指班组长不脱离生产,二是指班组长要解决班组内许多具体的实际问题。

班组是若干员工有机地组合在一起的最基础的生产单位,又是设于企业其他机构之下的一种组织,它决定了班组长"兵头将尾"的特殊地位。班组长一方面要积极贯彻厂部、车间领导的各种指令,另一方面,还要把班组的实际生产状况、管理状况、统计资料以及员工的合理要求和建议反馈上去,供领导作决策参考。

在员工中,班组长是"将";在干部中,班组长是"兵"。他们是不脱产的"将",指挥一班人的"兵"。古话说:兵不在多而在精;将不在勇而在谋。兵要"精悍",将要"谋略"。班组长是集"兵"、"将"特点于一身,他们既不是企业的专职管理人员,又不是普通的生产工人。因此,必须具备"兵"的实干,"将"的韬略。

班组长天天与组员、设备、产品打交道,所接触的是员工中千变万化的思想,要解决的是各种具体的实际问题。同时,还要解决好班组内的各种管理问题,如员工的矛盾纠纷、读书学习等问题。因此,班组长好比"一家之长",他们不但要"操劳家务",而且要"主持家政",直至解决最基本的"柴、米、油、盐"等问题。

三、班组的作用

班组是根据现代企业劳动的特点和需要组织起来的,它在企业生产中的客观作用,确立了班组本身存在的意义。

班组根据企业生产的要求,直接指导和约束班组中工人的行动,并衔接上下道工序,协调各工种之间的联系,使个人和企业、局部和全局的生产保持均衡。

班组作为企业的基本生产管理单位,负责组内的生产安排、生产进度、劳动力调配、产品质量、工艺执行和设备、工具的保管使用等各种生产业务,使企业的生产活动有了可靠的落脚点。

班组作为企业经济管理的基础组织,负责实施企业的规章制度,对组内员工进行详细的工作考核,并汇总个人的产量、质量、消耗、出勤等原始记录,为企业的统计提供资料,使企业能够及时掌握生产情况和员工情况,建立企业和劳动者之间的有机联系等等。

这些都是和班组范围小、管理细、面向个人的特点是分不开的,企业的其他组织都无法代替它的作用。

四、班组建设及意义

1.班组建设

班组建设是通过一定的企业方式和活动形式,依靠班组自身的努力,全面提高其政治、文化、业务、技术素质,以增强企业活力的一项基础性建设。

2.班组建设的意义

加强班组建设是优化现场生产要素组合的需要,也是企业物质文明建设和精神文明建设的需要。它对于实现企业生产经营目标和提高企业管理水平有着重要的意义。

第二节 班组建设的内容

班组的特点及作用决定了班组建设应包括思想建设、组织建设和业务建设等内容。

一、班组思想建设

班组思想建设是企业思想建设的重要部分。企业思想建设的许多内容,例如对员工进行有中国特色社会主义理论和爱国主义教育;党的路线、方针、政策以及形势与任务的教育;社会主义民主与法制教育;革命传统和艰苦奋斗、勤俭建国教育;先进模范人物事迹教育等都要落实到班组。此外,应根据班组的特点,着重抓好以下几方面的思想教育。

1. 集体主义教育

对班组员工进行集体主义思想教育,就是要正确处理国家、集体和个人的利益关系,当三者发生矛盾时,要以国家和集体的利益为重,个人利益服从集体利益;要热爱集体、关心集体,搞好班组内的团结,创造和维护集体的荣誉;要使每个员工具有群众意识,依靠班组集体的努力完成企业或车间下达的各项任务。

2. 培养职业道德

职业道德是指从事一定职业的人在劳动中应遵循的行为规范,它是社会对各种从业人员规定的、起自我约束和团结作用的行为准则。根据职业道德的准则和规范,有计划、有组织地对员工进行职业道德教育,培养良好的职业道德,是班组思想建设的一项重要任务。要通过多种形式和途径的教育方式影响员工的心理和意识,形成正确的是非观念,划清善良与邪恶、公正与偏私、诚实与虚伪的界限;逐步养成员工在本行业和本岗位上的职业信誉和道德规范;发扬公正、诚实、善良的优良传统,纠正带有行业特色的不正之风;还要通过制定各类守则、公约、规章,使全体成员做到忠于职守、爱护财产;对用户和消费者负责,保证产品质量,不以次充好,不弄虚作假,不偷工减料,切实保护用户和消费者利益。

3. 形成好的班风

班风,即班组作风。好的班风,是一种富有正气、团结向上、勇于攀登、争作贡献、助人为乐、互帮互学的集体风尚。班风是班组员工在正确思想指导下,在长期实践中共同创建的,反映了班组的精神风貌。搞好班风建设,有助于培养班组员工的集体荣誉感和奋发向上的精神,促进班组管理水平的提高。

二、班组组织建设

班组组织建设,是指调整班组建制、完善班组体制、理顺班组运行机制的一系列工作的总称。

1. 调整班组建制

随着技术进步和生产发展的变化,工作班、作业班也需要相应地进行调整,有些较大的作业组,成员有 7～8 人或十几个人,可组建为一个工作班;有些较小的作业组,只有 3～4 人,可以由两个以上的作业组并成一个工作班,使之规模适当,便于管理。鞍钢在加强班组建设方面,抓了班组的企业整顿,科学地划分班组。他们根据有效管理幅度的原则,防止分工过细、过小，规定主要生产班组一般不得少于 6 人，一般性生产和辅助生产班组一般不少于 10 人，服务性班组可再大一些。调整和改变班组，应做到"四忌"，即忌繁杂、忌重叠、忌多层次、忌职能不清。

2. 完善班组体制

完善班组体制的关键是要选配好班组长，此外，还要建立工会小组、团小组，有条件的还应建立党小组，选出工会小组长，同时选出若干名工人管理员，形成班组"两长几员"的核心。鞍钢重视对生产第一线的党员开展工作，大多数班组都建有党小组，提出以班组长、工会小组长、党小组、工人管理员为核心的班组管理体制。

3. 理顺班组建设运行机制

这就是要以社会主义的精神文明、班组群体意识为指导，以生产民主、技术民主、经济民主为核心，以政治民主、生活民主为保证，以班组长为领导，以党、团小组长、工会小组长和工人管理员为骨干，以各种兴趣小组活动为形式调动班组全体人员的积极性，进行自主管理的运行机制。

三、班组业务建设

班组业务建设是指健全班组制度、加强基础工作和各项专业管理，开展技术练兵，搞好业务培训等工作。

1. 班组制度建设

班组制度建设是以全厂和车间的各种管理制度为依据，结合班组实际，制定、执行和不断完善各种规章制度。它是班组全体成员在生产技术活动中，共同遵守的规范和准则。如岗位责任制、交接班制度、经济核算制度以及质量、设备、工具、劳动、安全、思想政治工作、文化学习等方面的制度。这些制度原则上是由全厂统一制定，班组照章执行，少数制度也可以由班组自行制定和执行。

2. 加强班组管理基础工作

班组要贯彻执行企业管理基础工作的各项规定与要求，结合班组生产管理的需要，认真做好各项管理基础工作，主要包括：

（1）建立健全以岗位责任制为核心的各项管理制度；

（2）严格执行工艺纪律，推行标准化工作；

（3）依照定额组织生产；

（4）做好计量工作，确保量值统一；

（5）建立各种原始记录和台账，搞好统计分析和报表工作；

（6）开展岗位练兵活动，努力提高班组成员的技术业务素质。

3. 优化班组各项专业管理工作

以班组生产管理为中心，加强班组工艺管理、设备和工具管理、质量管理、劳动管理、物资管理、安全文明生产、班组经济核算等项工作。

4. 加强岗位培训

岗位培训是提高岗位人员技术业务水平的一种方法，它以训练基本功为主，练习实际操作的基本理论、基本技能，按照干什么、学什么、练什么的原则，把生产、工作项目作为练兵的项目。例如，鞍钢为了加强岗位培训，实行了岗位证书制度。岗位证书制度将初级工、中级工、高级工、工人技师、班组长、多技能培训均纳入员工岗位证书内,员工从入厂到退休只需持一个证书,培训经考核及格后,达到哪个层次,就填入相应的栏目。

班组岗位培训采用的形式有:

(1)以师带徒。按技能大纲要求签订师徒合同,一师一徒,或一师多徒,包教包学。

(2)岗位练兵。针对生产中的难点、重点和关键,开展有目的的专业训练。

(3)技术竞赛。包括技术表演、对手赛、技术运动会、技术问答等形式。这些都是进行技术培训、技术练兵的有效形式,通过示范操作表演和竞赛,进行面对面、手把手的传授操作技能,使之相互学习和借鉴,掌握先进的操作方法、交流经验,达到共同提高的目的。

(4)一事一训。根据生产需要,针对生产技术活动中出现的问题,组织班组员工进行一事一题的学习培训活动。培训时间可以灵活掌握,如利用生产空隙、设备检修、班前、班后,时间长则几天,短则数小时,能者为师,边讲解,边操作示范。既提高员工的技术素质,又解决生产中的实际问题。

(5)反事故演习。把生产中可能发生的重大事故、多发事故列为演习内容,人为设置模拟事故,锻炼员工排除事故、预防事故、处理事故的能力,提高工人对事故的应变能力。

第三节　班组建设的形式

要搞好班组建设,重点是要解决好班组建设的组织方式和活动形式问题。

一、班组建设的组织方式

从企业领导的角度抓好班组建设,主要可从以下几方面着手。

1.加强对班组建设的领导,党、政、工、团"齐抓共管"

班组工作的综合性、群众性、经常性,决定了它是企业中党、政、工、团的一项共同任务。行政通过指挥生产经营活动把各项管理及其基础工作落实到班组,起领导作用;党组织通过思想政治工作协调各方面的关系,统一思想认识,起保证作用;工会开展群众工作,关心群众生活,密切联系群众,起纽带作用;团组织团结青年,充分注意青年的特殊性,增强班组活力,起促进作用。因此,应当实行"齐抓共管",党、政、工、团各级领导参加班组建设的领导,逐步形成班组建设的工作体系。上海某工厂班组管理体系分为三级:一是厂部建立由生产副厂长、党委副书记、工会副主席以及厂办和部分科室参加的班组工作领导小组,生产副厂长任组长,具体工作由厂办负责;二是车间建立由运转主任为首、车间党、政、工、团参加的车间班组工作领导小组,车间工艺员、计划员、操作员、安全员对口抓班组各大员;三是由工段长会同轮班党、政、工、团共抓班组管理。

2.明确目标,制定班组工作条件和管理基础工作实际细则

班组建设必须有明确的方向和目标。目标可根据企业对班组的要求,从班组的实际出发,针对薄弱环节加以制订。上海某工厂根据企业实际情况,制定了《班组工作条例》,明确各车间、科室和部门、在班组建设中的主要职责和任务;制定了《班组基础工作目标 40 条》,《班组管理工作标准化 40 条》、明确班组管理工作的内容、标准和考核的具体要求。

3.抓好"中途管理",严格检查考核

"中途管理"是指班组建设过程中的管理,以防止发生开始"轰",中间"松",最后"空"的现象。上海某工厂的"中途管理",主要抓好以下 6 个环节:一抓归口管理;二抓信息反馈;三抓检查验收;四抓交流推广;五抓季度表彰;六抓改进完善。严格检查考核和表彰是抓好"中途管理"的重要环节,是使班组建设工作持之以恒、不断升华的重要保证。

4.选好班组长,加强对班组长的培训工作

班组长是企业基层行政负责人,是上层领导联系员工群众的桥梁。他们既是基层的领导者,又是直接参加生产劳动,创造财富的生产者,具有领导者和员工的双重身份,在班组建设中处于十分关键的地位。

班组长一般都是由班组员工民主选举产生,也可以由车间主任招聘或委任。班组长应具备思想好、技术强、作风正、干劲足、会管理等条件。选举或配备好班组长后,上级部门应放权、授权,让班组长自主管理。同时,要加强培训,提高他们的素质和管理才能。南京第二机床厂培训班组长采取三种形式:一是定期召开班组长会议,提高政策和工作的透明度,提高班组长的思想政策水平;二是加强以专业管理为内容的培训,以提高班组长的管理水平;三是通过检查验收和评比诊断,进行现场指导和培养,提高班组长的管理能力。

二、班组建设的活动方式

班组建设不仅要依靠企业各级领导认真抓,而且还要靠班组自身发挥主观能动性,通过各种活动方式,开展班组建设。

1.开展班组民主管理

(1)班组民主管理是企业民主管理的基础,也是班组长依靠全体成员搞好班组工作的重要形式。

班组民主管理的内容主要有以下四个方面:

①发扬政治民主。尊重班组成员的主人翁地位;尊重他们对班组长和工人管理员的选举权和被选举权,以及对企业各级干部的评议权、建议权;尊重他们参加重大政治活动、关心国家大事的权利。

②发扬经济民主。企业班组员工讨论和制定班组经济责任制方案;参与班组目标和现场生产计划的讨论;人人当家理财,搞好班组经济核算;参与分配方案的讨论,制定班组奖金分配方案,并监督实施过程。

③发扬生产技术民主。员工有权参加生产劳动和技术培训;对现场的生产技术问题有发言权和建议权;对生产操作有执行权、维护权和监督权。班组长要与班组成员讨论和落实班组内的重大问题,群策群力,开展合理化建议活动和技术革新活动。

④发扬生活民主。定期召开班组民主生活会,有事共商,有责共担;经常谈心和家访,帮助员工排忧解难,改善生活条件,使每个成员都感到班组温暖。

(2)健全班组民主管理体系。形成以班组长、工会小组长、党、团小组长和工人管理员为核心的班组管理体系。班组内工人管理员设几名,应根据班组规模而定。规模小的班组,可设 2～3 名;规模大的班组,则可设政治宣传员、经济核算员、技术质量员、设备安全员、配料工具员、生活福利员等多名,分别担负班组内各项管理职责,协助班组长搞好班组管理。

2. 开展班组升级活动

围绕企业升级目标,开展班组升级活动,是加强班组建设的一项重要经验。班组升级一般分为 3 个等级水平,即合格班组、信得过班组、先进班组;也有的企业称合格班组、二级班组、一级班组;或合格班组、优秀班组、模范班组。

班组升级是以达标的形式进行的。凡在一定期限内,经考核达到等级标准的班组,可按等级标准升级。

(1)第一个台阶,即达到合格班组的考核标准为:①全面完成各项技术经济指标;②不发生人身、设备、质量等责任事故;③班组基础管理能达到企业的基本要求;④精神文明建设具有一定的基础,不出现违纪违法的人和事。

(2)第二个台阶,即信得过班组(或优秀班组)的考核标准为:①必须全面达到合格班组的标准;②产品(工作)质量、物质消耗、经济效益等指标必须达到企业所要求的先进水平;③班组管理,尤其是全面质量管理取得明显的效果;④精神文明建设有一定的特色。

(3)第三个台阶,即达到先进班组(或模范班组)的考核标准为:①产品(工作)质量、物质消耗、经济效益等主要经济技术指标居本企业同工种先进水平或创本班组历史最高水平;②在推行管理现代化和加强民主管理方面有较大的进展,采用了目标管理、全面质量管理、全员设备管理等方法和手段;③精神文明建设形成了经得起考验的各具特色的班组风格;④创造了班组建设的新经验。

3. 开展班组竞赛

围绕完成生产任务开展班组劳动竞赛和围绕推行现代化管理方法、管理技术开展班组管理竞赛,是许多先进企业的经验。

(1)班组劳动竞赛。有两种形式:一种是企业为实现某一目标而开展的较大范围的竞赛,班组要动员其成员积极参加。它是集体性质的竞赛,反映班组整体水平。另一种是班组自己根据生产和工作要求,结合本班组特点自己组织的竞赛。它是班组内工人与工人之间的竞赛,目的是为了促进工人的生产操作水平的提高;促进班组集体目标和任务的完成。

(2)班组管理竞赛。针对班组管理中的薄弱环节,或以推行现代化管理方法和手段作为目标内容而进行的竞赛。通过竞赛,消除管理中的薄弱环节,提高班组管理水平。

班组还可以组织其成员参加厂内和厂际之间各种形式的竞赛,如小指标百分赛、综合指标赛、单项立功竞赛、工序协作竞赛、技术协作竞赛、"一条龙"竞赛、同工种竞赛、同业务竞赛、创全优工程竞赛、攻关赛、对抗赛、效益杯竞赛、优质服务竞赛、好班组长竞赛、好工管员竞赛、岗位练兵赛、技术表演赛等。通过参加多种形式的竞赛,使班组建设达到一个新的水平。

4. 举行班组成果发表会和经验交流会

班组在开展各项活动过程中会取得这样或那样的成绩、经验。如能加以总结和提高,使之系统化,并举行班组建设成果发表会或经验交流会,可以起到互相学习、成果共享、相互促进、共同提高的作用,也有利于把班组建设继续推进一个新的阶段。

第四节 班组岗位责任制的建设

加强班组岗位建设对于贯彻按劳分配,增强企业活力,提高经济效益有着十分重要的意义。

一、班组经济核算的建设

1. 班组经济核算的性质和要求

班组经济核算是在轮班、生产小组或流水线范围内,利用价值或实物指标,将其劳动耗费和劳动占用与劳动成果进行比较,以取得良好的经济效果的一种管理方法。它是整个生产现场管理的基础,又是企业广大群众当家理财的好形式,也是现场成本控制不可缺少的重要环节。

班组经济核算应符合以下要求:

(1)建立起适应班组生产和经营特点的核算制度;

(2)确定适合班组生产特点的经济核算指标,并使班组和个人有明确的经济责任;

(3)做好定额管理、原始记录、计量验收等各项基础工作,做到事事有记录,考核有依据,计量有标准;

(4)建立严格的考核、检查评比和奖惩制度;

(5)做到以较少的劳动耗费,取得较大的劳动成果,保证厂级和车间各项指标的完成。

2. 班组经济核算单位的确定

班组经济核算单位,应根据班组生产和劳动企业的特点以及岗位责任制的要求来确定。一般有以下几种:

(1)以整个班组为经济核算单位。它适用于没有轮班或各轮班经济责任不易划分或难以考核的单位。

(2)以轮班为经济核算单位。它适用于生产周期短,能按轮班分清经济责任和计算生产成果的单位。

(3)以机台为经济核算单位。它适用于能按单机进行核算的单位。

(4)以生产线为经济核算单位。它适用于连续式生产而又无法按轮班划清经济责任和计算生产成果的单位。

3. 班组经济核算的形式

(1)指标核算、计分计奖形式。车间将经济指标分解落实到班组,班组按规定核算完成情况。考核方式是按计算指标的重要程度和计分标准,逐项打分,按分数的多少反映指标完成情况,并确定相应的奖惩。

(2)限额卡核算形式。这种方式是根据生产任务和材料消耗定额核定的定额材料费用,制定限额卡,班组依卡领用材料。到月末,车间按完成任务和领用材料的情况进行考核,按材料的节约或超支情况决定奖惩。

(3)其他方式。例如厂币核算形式,账、卡、表核算等形式,也可以将几种核算形式结合起来使用。

4.班组经济核算的指标

(1)产量指标。可采用实物、劳动工时、计划价格和产量计划完成率等指标计算。

(2)质量指标。可以采用等级品率、合格率、废品率、返修品率等指标形式反映。

(3)材料消耗指标。可以用材料耗用数量、耗用金额表示,也可用材料利用率等相对数表示。

(4)工时指标。包括工时利用率和出勤率等指标。

(5)设备完好率和利用率指标。这是用相对数表示的指标。

(6)成本降低指标。这是综合性指标,一般只包括班组直接消耗的各种材料和支出的费用,不包括固定资产折旧及大修理费用。

5.班组经济核算的组织

班组经济核算的组织一般是在车间主任领导下,由经济核算员具体承担。班组核算员在业务上要接受车间和有关科室核算人员的指导。

班组经济核算一般设专职核算员,由现场生产员工兼任。核算工作一般在业余时间进行。为了不影响员工的生产和休息,有的企业在班组内建立核算机构,设立几大员:材料核算员、考勤员、设备管理员、质量检查员等,各项指标分别由几大员进行核算。这样做,有利于把班组所有成员动员起来,对本班组的生产活动进行记录、计算、分析和考核,做到事事有人管、人人有专责,形成一个人人参加核算、控制的网络。

搞好班组核算,必须建立相应的规章制度。包括:材料、工具的领、退、保管制度;考勤制度;设备管理和维修制度;质量检验制度;成本控制制度;评比奖励制度等。为了便于执行上述各项制度,各班组可根据具体情况,制定各种实施细则和有关补充规定。

二、班组岗位责任制的全面建设

1.政治思想好

(1)生产班组、工会组长处处以身作则,起表率作用;

(2)班组长、党团员经常开展思想政治工作;

(3)学习有制度、有记录、有效果,参加在职培训活动每季有心得,巩固率达70%以上;

(4)班组之间、同事之间能搞好团结协作,共同前进;

(5)扶持正气,抵制歪风邪气,不断表扬好人好事。

2.完成任务好

(1)出色完成班组生产各项任务,不断提高工时利用率;

(2)人人做到上岗合格,人人达到"标准岗"作业标准;

(3)坚持安全活动并有记录,全组无工伤事故,无设备事故;

(4)熟悉设备性能和操作规程,设备维修保养好;

(5)经常开展技术练兵和技术交流活动。

3.民主管理好

(1)班组长六大员健全,并有活动制度;

(2)岗位责任制度明确,并能严格执行;

(3)有民主生活会议制度,经常开展批评与自我批评;

(4)严格执行考勤制度;

(5)经常开展献计献策等合理化建议和民主管理活动。

4.遵纪守法好

(1)严格遵守厂纪厂规,全组无违法、违纪、违章行为;

(2)维护社会公德和家庭公德;

(3)对班组存在的问题和不足之处不护短,有改进措施。

5.环境卫生好

(1)班组有卫生制度,并有成效;

(2)办公室、更衣室、操作场地环境清洁,窗明几净,物品堆放整齐;

(3)搞好卫生包干区,卫生检查评比成绩优良;

(4)爱护花木,人人参加绿化工作;

(5)仪表整洁,讲究卫生,养成良好的卫生习惯。

[复习思考题]

1.班组有什么特点?

2.班组长在班组管理中有什么作用?

3.假如你是某企业的班组长,你打算如何做好班组建设工作?

职校生成长故事(十一)

　　在外闯荡了七八年,奋斗了七八年的洪波,希望有一家属于自己的公司。这几年洪波虽都在企业工作,但他却未涉及经营或经营管理领域。因此,洪波决定再次"跳槽"去 NP 公司担任经营副总……

　　2006 年 9 月,三十岁的洪波注册了 SH 公司,终于,洪波有了一家属于自己的公司。

　　这就是一个职校生的成长历程。

　　我们愿所有的职校毕业生都梦想成真、事业有成。

后　记

　　中等职业学校开设企业管理课程不仅是学生毕业后在工作中谋求发展的需要,也是现代企业在招聘新员工时,对毕业生在知识结构上的要求。因此在中等职业学校开设企业管理课程不仅有利于学生毕业后就业,也有利于学生就业后的发展。

　　本教材是李日在 2002 年编写的校本教材《工业企业管理基础知识》的基础上,结合这几年的教学情况及在安排毕业就业过程中了解到的企业对毕业生的知识结构的要求修订而成。这次修订在内容安排上着眼于企业一线生产管理人员所需的基本知识、基本方法与基本理论,因而未涉及经营管理、物资管理与财务管理等内容。

　　本教材亦可作为班组与车间管理人员培训教材。

　　在这次修订中浙江省特级教师三门职业中专校长谢卫民亲自参与框架的调整与统稿工作,郑修标、周朝阳、李如湖参加试教工作,试教后提出许多宝贵的修改意见。

　　在编写过程中,我们参阅了大量文献资料,并从这些著作中吸收了部分研究成果,在此表示深切的谢意。

编　者
二〇〇八年四月

主要参考文献

［1］ 蔡荣光、冯鑫永主编. 企业管理. 北京:北京理工大学出版社,2006

［2］ 徐盛华、陈子慧编著. 现代企业管理学. 北京:清华大学出版社,2004

［3］ 中国人民大学工业经济与工业企业管理教研主编. 中国工业企业管理学简明教程. 北京:中国人民大学出版社,1987

［4］ 《工业企业管理纲要》编写组. 工业企业管理纲要. 北京:中国经济出版社,1985

［5］ 中国人民工业经济与工业管理教研主编. 工业企业生产管理. 北京:中国人民大学出版社,1985

［6］ 中国人民大学工业经济与工业企业管理教研主编. 工业企业技术管理. 北京:中国人民大学出版社,1984

［7］ 俞建文主编. 经济管理基础. 北京:高等教育出版社,2002

［8］ 张荣胜主编. 企业管理概论. 北京:高等教育出版社,2006

［9］ 中国企业管理协会研究部编. 现代管理十八种. 北京:工人出版社,1985

［10］ 中国质量管理协会编. 全面质量管理基本知识. 北京:科学普及出版社,1990

［11］ 浙江省总工会生产保护部编. 班组培训教材,1987

［12］ 工业企业管理讲师团编. 《工业企业管理纲要》教学与学习指导书. 北京:中国经济出版社,1986